KB049647

부의 나침반

◇ 본문에 사용된 모든 시는 저자의 시집 「별에서 온 그대」에서 인용한 것입니다.

부의 나침반

초판 1쇄 | 2019년 5월 13일
   2쇄 | 2019년 6월 10일

지은이 | 김태우
펴낸이 | 설응도   편집주간 | 안은주
영업책임 | 민경업   디자인 | 박성진
기획 | 북케어(www.bookcare.net)

펴낸곳 | 고려원북스

출판등록 | 2004년 5월 6일 (제2017-000034호)
주소 | 서울시 강남구 테헤란로78길 14-12(대치동) 동영빌딩 4층
전화 | 02-466-1283   팩스 | 02-466-1301

문의(e-mail)
편집 | editor@eyeofra.co.kr
영업마케팅 | marketing@eyeofra.co.kr
경영지원 | management@eyeofra.co.kr

ISBN 978-89-94543-86-4 03320

부의 나침반

• 김태우 지음 •

고려원북스

행복한 부자의 보물지도를
찾아 나서는 내 삶의 여행

우리는 누구나 부자로 행복한 삶을 가치 있고 의미 있게 살고 싶어 합니다. 그러나 실제 살다 보면 내가 원하는 부자와 행복한 삶은 결코 쉽게 잡히지 않습니다. 부자로 행복한 삶을 살고 싶지만, 정작 부자라는 것의 가치가 무엇이며 행복한 삶의 진정한 의미가 무엇인지 모르기 때문에 어떻게 살아야 하는지를 모릅니다. 하지만 때때로 자기에게 주어진 삶을 행복한 부자로 사는 사람들을 주변에서 볼 수 있습니다. 그렇다면 나도 행복한 부자로 살 수 있는 방법이 반드시 있다는 것을 알 수 있을 것입니다.

단지 어떻게 살아야 하는지 몰라서 못 사는 것일 뿐입니다.

우리 삶의 목적은 가치와 의미를 두고 행복하게 사는 것입니다.

그렇다면 행복한 부자의 삶이란 무엇일까요?

돈과 물질이 많으면 행복한 삶일까요?

지식과 앎이 많으면 행복한 삶일까요?

건강하고 힘이 세면 행복할까요?

지구별에 여행 온 우리가 이 세상을 살아가면서 한 번쯤은 꼭 물어봐야 할 물음입니다.

어느 날 경주의 불국사에 갔을 때 대웅전에서 바라보니 오른쪽에는 석가탑이 세워져서 나무아미타불 "나는 부처님에게 귀의하겠나이다.", 왼쪽에는 다보탑 관세음보살 "이 세상에서 잘살게 해주십시오!", 가운데에는 등불을 밝히는 석등이 있었습니다. 불국 정토에서 나는 신의 나라 안에 있고, 신과 소통하며, 신의 대자대비의 보살핌 속에서 이 세상에서 잘살 수 있도록 '인생의 탑을 쌓기 위해서는 내 삶을 불태워야 하는구나!'라고 해석해보았습니다. 그리고 이 세상에서 행복한 부자의 삶으로 사는 방법을 연구하기 시작했습니다. 행복한 부자의 삶은 원만하게 균형 잡힌 삶이라고 생각합니다. 마치 집짓기나 탑 쌓기와 같은 원리입니다. 집이나 탑이 자리할 자연환경부터 튼튼한 건물, 효율적인 공간 분배, 다양한 디자인이나 미적 감각, 인테리어 등 전체적인 요소들 모두가 균형을 맞추고 계획한 대로 설계도를 짜서 모형도 만들고 지속적으로 실천할 때 아름다운 건축물이 태어날 것입니다.

누구는 사는 대로 생각하고 판단하고 해석하며, 또 누구는 생각하고 계획한 대로 실천하고 누리고 살아갑니다. 그렇다면 삶의 질을 향상시키고 균형 잡힌 행복한 부자가 되기 위해 우리는 어떤 삶을 살아야 할까요.

신神, 우주, 자연과 하나로 연결되어 있는 서로의 관계를 알아차리고 공생·공존·공감으로 관계하며, 이 지구별에 나타나 이곳 되어감의 삶을 아름답고 신나고 균형 있게 살아가는 방법을 알아야 되고 눈을 떠야 할 것입니다.

우리가 무지無知와 가난과 허약에서 벗어나는 길은 행복한 부자로 더 좋은 방법과 기술을 배우는 것입니다. 세상의 끊임없는 변화와 진화 속에서 살아남으려면 제로베이스zero-base에서 문제 해결에 관심을 가지고 질문을 통해 학습하며 탁월한 방법을 찾아 적극적으로 실천하고 지속적으로 발전을 추구하는 사람이 되어야 합니다.

학이시습學而時習 배우고 때로 익힌다.

학자필승學子必勝 배우는 사람은 반드시 승리한다.

락학지도樂學之道 즐겁게 배우는 것이 도道다.

수기안인修己安人 몸을 닦고 사람을 편안하게 해주고

적선여경積善餘慶 선을 쌓은 집안은 반드시 남는 경사가 있다.

이사역명異些易命 사소한 차이가 운명을 바꾼다.

성경신애誠敬信愛 정성스럽고 공경하며 믿고 사랑하며 사는 것.

이렇게 끊임없이 배우는 사람, 조직, 나라는 누구도 이길 수 없습니다. 자기 삶을 더 잘 살기 위해 탁월함을 찾아 배우며 숙고하고 논의하며, 행복한 부자로 살기 위해 '평생학습인'으로 실천하는 삶을 추구하며 살아갑시다. 마음그릇이 몸 그릇이고, 몸 그릇이 마음그릇입니다. 가난도 부자도 내 마음의 의식과 내가 알고 있는 지식의 실력과 비례하는 법입니다. 가난하다는 것은 그만큼 내가 마음의 의식과 부자에 대한 지식이 떨어진다는 말입니다. 행복한 부자로 살기 위해서는 '부의 나침반'을 통해 나의 현 위치를 파악하고, 나의 전공, 체력, 심력, 지력, 재력에 대한 내 마음의 의식과 지식을 높여야 할 것입니다. 이 책을 만난 모든 분들이 건강하고 행복한 부자로 삶의 지혜를 발견하시길 진정으로 기원합니다.

2019년 5월

돈화당敦化堂

큰바위大岩

김태우

•차 례•

Chapter 01 당신은 어떤 삶을 살고 싶습니까?

Chapter 02 당신의 삶은 지금 어디에 있습니까?

Chapter 03 부의 나침반 중심中心 – 일과 직업職業

Chapter 04 부의 나침반 – 체력體力

Chapter 05 부의 나침반 - 심력心力

Chapter 06 부의 나침반 - 지력智力

Chapter 07 부의 나침반 - 재력財力

Chapter 08 부의 나침반으로 보물지도 작성하기

Chapter 09 사통팔달四通八達의 세계로 갑니다

Chapter 10 부의 나침반 연습하기

삶의 질 향상과 의식변화 전문가

ALP 삶의질 향상센터 | 장길섭 원장

■　■　■

　내가 이 책의 저자 돈화당 큰바위 김태우 사장을 만난 지도 20
여 년이 되었습니다. 저자 김태우 사장은 늘 물음을 갖고 사는 사
람입니다.

　어떻게 하면 삶의 질을 향상시킬까? 어떻게 하면 더 좋은 세상,
훌륭한 나라를 만들까? 나는 누구이고, 어떤 삶을 살고 싶은가?
그런 물음 끝에 『내 삶을 경영하라』는 책을 내더니, 이번에는 한
아버지로서, 전문 경영인으로서 자식과 후배들에게 그동안의 경
험과 공부를 담아 『부의 나침반』을 내게 되었네요. 참 반갑고 기쁩
니다. 나는 저자가 '행복한 부자 만들기'라는 프로그램을 운영하는
것을 지켜볼 수 있었습니다. 이를 바탕으로 저자는 이제는 책을

통해 행복한 부자로 사는 길을 친절하게 가르쳐주고 있습니다. 여러분의 인생길에 큰 도움이 될 것입니다.

지력의 전문가, 경기고, 서울법대, 외무고등고시,
하버드대 케네디스쿨, 옥스퍼드 국제정치학 박사, 미국 뉴욕 주 변호사,
전 종로 3선 의원(18대 국회 외교통상통일위원장)

한미협회 회장, 아시아미래연구원 이사장 | 박진

▪ ▪ ▪

이 책은 인생이란 거친 바다 위를 항해하고 행복한 인생의 보물섬을 찾기 위해 반드시 필요한 동서남북 방향의 이정표를 알려주는 진정한 부의 법칙을 소개하고 있습니다. 김태우 박사는 성공한 기업인이기 이전에 탁월한 안목을 가진 인문철학도입니다. 그에게는 지성을 향한 끊임없는 탐구열정이 있습니다. 사람의 깊은 마음을 읽고, 그 사람의 장점과 소질 그리고 꿈을 키워줄 수 있는 특별한 재능을 타고난 인성경영전문가입니다.

현대 인공지능이 인간능력의 한계를 넘는 힘을 발휘하는 머신러닝 사회에서 어떻게 하면 자신의 잠재력을 개발하고 꿈을 실현하며 인성을 바탕으로 쌓은 정직한 부富를 통하여 이웃과 사회와 인류를 위해 기여할 수 있는지 뚜렷한 사명과 방향감각을 심어주는 책입니다. 좀 더 일찍 이 책을 만났다면 제 삶이 더 풍요로웠을 것입니다.

건강의 전도사, 전 국립암센터 원장
한국세포주연구재단 | 박재갑 이사장

．．．

이 책은 내 삶을 사랑하고 내 삶의 질을 향상시켜 행복하고 균형된 부자로 살고 싶은 분들에게 지름길을 안내하는 책으로서 의미가 크다고 하겠습니다. 그 부자의 길에 첫 번째로 '체력' 건강을 토대로 삶을 가꾸어 가는 것에 대하여 의학도로서 적극 공감하며, 인생의 황혼기에 건강한 체력이 삶에 얼마나 중요한 요소인지를 일깨워 주는 소중한 책이기도 합니다. 행복한 부자로 자기 삶을 소중하게 다듬고 가꾸어 빛내고 싶은 모두에게 보내는 공통의 메시지이기도 합니다.

균형된 삶의 부자
동화세상 에듀코 · 바인그룹 | 김영철 회장

．．．

이 책은 하나님이 각 개인에게 준 소질과 재능으로 일과 직업을 통해 체력, 심력, 지력, 재력을 일과 삶에 의미를 부여함으로써 가슴 뛰는 부자가 되는 방법을 말하고 있습니다. 그것은 다시 생각, 말, 행동, 습관, 성격, 인간관계와 같은 조각들이 모여서 균형 있는 부의 운명을 결정하게 됩니다. 자기 인생은 자기의 탑을 스스로 쌓아가듯이 적은 것이 모여 크고 멋진 소중한 자기 삶의 탑을 쌓을 수 있다고 생각합니다. 현대의 성공한 기업가, 자수성가한 사람, 부자들뿐만 아니라 동서고금의 현인들도 모두 따르고 지켜서 얻은 기본 부자의 법칙을 담고 있습니다. 여러분들은 이 책을 맞이하는 순간 부자라는 삶의 의미와 삶의 계획이 확 바뀌어 운명이 달라질 것입니다.

인간관계 전문가
한국 카네기연구소 | 최염순 소장

. . .

왜 사는가? 행복하기 위해서 산다. 나는 행복한가?

이 책은 행복하고 의미 있는 인생을 살기 위한 나침반을 제공한다. 화가들은 파리로 간다. 벤처업자는 실리콘 밸리로 간다. 금융인은 런던이나 뉴욕으로 간다. 페이스북 창업자 마크 저크버그는 애플 창업자 스티브 잡스를 찾아가 조언을 듣는다. 이 책은 '진정한 부의 나침반' 자기 전공에 따른 일과 직업을 선택하게 하고 체력, 심력, 지력, 재력에 대한 행복한 부자의 길을 안내해 주고 있다.

CHAPTER
01

당신은 어떤 삶을
살고 싶습니까?

내 삶은 이 세상에 태어나 단 한 번밖에 없는 소중한 삶입니다.

우리의 삶은 결코 똑같거나 무한 반복되지 않습니다.

단 한 번만 살 수 있는 지금 이 순간 오늘을 살고 있습니다.

당신의 삶의 목적과 의미는 무엇인가요?

당신의 삶의 근본은 무엇이며, 이루어야 할 가치는 또 무엇인가요?

행복한 부자로 살고 싶으신가요?

그렇다면 그대가 추구하는 행복한 삶이란 무엇인가요?

그대만의 인생길, 그 삶 속에는 '희노애락애오욕喜怒哀樂愛惡慾'

모든 감정들과 행복과 불행도 포함되어 있습니다.

오직 그대만이 가고 사는 길이 진리이고

참 생명인 것을 생각해보신 적은 있으신지요?

이 질문에 먼저 답할 수 없다면 당신은 행복한 부자가 되는 길을

걷기 위해 심사숙고하며 깊게 만나보지 못했다고 생각합니다.

자, 다시 질문입니다.

당신은 단 한 번밖에 없는 행복한 삶을 위해 어떻게 살고 있고,

어떻게 살아야 한다고 생각하나요?

이 책을 통해 당신의 행복한 삶에 심사숙고하며 행복한 길이 보이고

그 길로 나아가는 출발점이 되길 희망합니다.

삶을 살아가는 데 있어 우리는 모두 부자가 되고 싶어 합니다.
돈과 물질이 많아야 부자로 살 수 있다는 물질주의가 팽배해 있습
니다. 행복하게 살기 위해 부자가 되려고 하는데 정작 부자가 되
는 과정은 행복하지 않습니다. 돈을 벌기 위해 자신의 삶을 희생
하고, 긴 시간 동안 불행하기도 하며 돈만 버는 데 급급해서 매 순
간의 행복은 다 놓치고 과거를 후회하는 사람들이 수두룩합니다.
미래에 어떻게 살 것인지 불안해하고 염려하는 사람들도 주변에
서 흔히 볼 수 있습니다. 그렇다면 정말 돈이 많으면 부자일까요?
돈이 많으면 행복할까요?

『소학小學』이라는 책의 머리글인 '소학제사'에 '보통 사람은 어리
석고 어리석어 물욕에만 앞을 가리어 그 근본을 무너트리고 편안
하게 여겨 자기 삶을 포기하며 산다'는 말이 있습니다.

衆人蚩蚩 物欲交蔽 乃頹其綱 安此暴棄
(중인치치 물욕교폐 내퇴기강 안차포기)

예나 지금이나 사람들은 삶 자체의 '목적과 근본'은 잃어버리고
물질만 추구하고 살아가는 것 같습니다. 이 구절은 이렇게 사는

사람들을 일깨워주기 위해 전하는 소중한 글이라 여겨집니다.

그렇다면 인간으로서 살아가는 데 찾아야 할 근본은 무엇일까요?

물질과 돈만을 추구하는 삶이 전부가 아니라, 우주만물을 주관하시는 신神이 있다는 것을 알아차리고 신께서 우리 각 사람에게 주신 씨앗이 있음을 아는 것이 아닐까요?

우리는 사실 어디에서 와서 어디로 가는지, 내가 누구인지, 어떤 삶을 살고 싶고 어떤 삶을 살아야 행복하고 아름다운지 알기 위해 왔다는 것입니다. 그래서 맹자는 이런 말을 합니다.

"자기가 기르는 개, 돼지를 잃어버리면 찾아 나설 줄 알지만,
자기 자신을 잃어버려도 찾아 나설 줄 모른다."

신이 우리 각 개인에게 준 내면의 씨앗, 그 하늘씨앗 본성을 찾아 자기다움의 아름다움을 찾아가는 그 자체가 희망이고 활력이고 신성 발현입니다. 이것을 찾아가는 길이 참으로 행복하다는 것입니다. 그런데 그 근본은 잊어버리고 돈과 물질만 추구하고 살아가고 있습니다.

하나一의 세상에서 만물의 영장인 사람이 크다大라는 뜻이며, 인간은 하늘과 하나로 연결되어 있다는 것을 말해주는 글자가 一+大 = 천天 자입니다. 그 하늘이 나를 있게 하고 살리시는 것입니다. 땅 지地는 이 땅土에서 잇기也, 즉 '이어간다'는 뜻입니다. 무엇을 이어가야 할까요? 바로 '생명력'입니다.

하늘 아래 지금의 내가 있기까지 나의 조상들은 자연재해와 수많은 전쟁과 위험 속에서 생명을 유지시켜 마침내 나에게까지 생명을 연결해주었습니다.

생물학적으로 보면 모든 유전자의 목적은 생명 번식입니다. 생명력이 있는 유전자는 더 많이 번식하기 위해 처절한 변화에 적응하고 노력해왔습니다. 인간도 마찬가지입니다. 온 우주와 하늘에 연결되어 있고 그 안에서 지구별에 살고 있으며 생명력을 이어준 신의 은혜와 조상의 은덕에 이 땅에 살고 있습니다. 그러니 우리도 소중한 생명을 이어주어야 합니다. 결혼을 해야 아내가 되고 남편도 됩니다. 자식을 낳고 그 자식이 자식을 낳아야 할아버지 할머니가 되고 계속 이어가야 증조曾祖도 되고 고조高祖도 될 수 있습니다. 우리는 이렇게 되기 위해 왔고, 이런 생명력을 이어가야 '된 사람'입니다.

그러나 생명을 이어가지 못하면 부모도 못 되고 할아버지 할머니도 될 수 없습니다. 그러니 '못된 사람'이 되는 것입니다.

천지의 뜻은 생명살림을 위한 변화와 진화 속에서 어떻게든 살아남기 위해 생명을 이어가는 것이 중요합니다. 인간들은 이렇게 수십만 년 동안 생명 진화를 해왔고, 이 생명을 이어준 조상의 은혜에 보답해 현재와 미래에도 생명을 이어가는 것이 이 땅에서 지켜야 할 사명이 아닐까 생각해봅니다.

✸ 부자富者의 의미를 압시다

여기서 부자富者란 단어의 의미를 파악해볼까요?

'富부'라는 한자를 파자해보면 '밭에서 난 먹을거리들을 집 안에 가득 채워 넣어 넉넉하다'라는 뜻으로 해석할 수 있습니다. 배고픔의 시대에는 먹을거리만 있으면 생명력을 이어갈 수 있었습니다. 그러나 인간은 만물의 영장이기에 먹고 사는 생리적인 욕구만으로는 채울 수 없는 욕구와 욕망이 있습니다.

'者자'는 사람 자, 놈 자라고도 해석합니다. 회의문자인 이 글자를 파자해보면 老로 자와 白백 자를 합해서 만든 글자임을 알 수 있습니다. 그래서 나이 드신 어른이 아랫사람에게 낮추어서 말한다는 뜻으로 '이 사람, 이놈'이라고 풀이하고 있습니다.

퇴계 이황 선생님이 쓰신 문집의 시詩 중에 이런 구절이 있습니다.

부귀는 공중에 떠다니는 연기나 다름없고,
명예는 이리저리 날아다니는 파리와도 같은 것이라네.

그래서 저는 기존의 '富者부자'라는 글자에서 '富子부자'라는 글자로 과감히 이동하자고 주장하고 싶습니다. 이때 '子자'는 더 이상 놈이 아니라, '一한 일 + 了깨달을 료', 즉 하나의 이치로 깨달아 하늘사람과 세상 사람의 통합된 진정한 부자로서의 삶을 누리고 경험하자는 것입니다.

왜 일반 사람들에게는 '놈 자, 사람 자者'를 쓰고, 정신적으로나 학문적으로 크게 깨달은 선생님들에게는 공자公子, 맹자孟子, 주자朱子, 장자莊子와 같이 아들 자子를 쓸까 하고 늘 궁금했었습니다. 그래서 나이가 들어가면서 철학과 인문경영학을 공부하다 보니 그럴 수도 있겠다 싶었습니다. 먹고 사는 물질과 돈만을 위해 산다면 정신적인 것이 빠져서 아랫사람이거나 그야말로 '놈'이 되어 땔감밖에 될 수 없겠다는 생각이 들었습니다. 그렇게 그냥 타고 사라지는 하찮은 존재가 되기보다는 하나로 깨달아 그 하나 속에 거居하며 그 하나를 운행하시는 신께서 보시기에 참 좋은 신의 사람이 되어야 하지 않을까요?

우리 모두 놈 자者 동네에서 아들 자子 동네로 이사 갑시다. 신의 자녀로서 하나 속에 거하며 그 하나를 알고 깨달아 나도 나답게 사랑하고 내 이웃을 내 몸처럼 사랑하는 신의 자녀가 됩시다.

✦ 떠날 때를 알아야 합니다

최근 나이가 들고도 결혼하지 않고 부모님과 같이 살며 경제적 지원을 받는 청년 세대가 늘고 있습니다. 일본에서는 이들을 '패러사이트 싱글Parasite-single'이라 부릅니다. 일본은 결혼하지 않고 부모와 함께 사는 만 20~34세 청년층에 대해 1980년부터 관심을 두고 집계해왔습니다. 이들은 동일 가구 내에서 생활비용을 부담하지 않고, 주거비, 식비, 세탁비 등을 부모에게 지원받으며 심지어 용돈까지 지원받고 살고 있습니다. 일본 사회에서 '패러사이트 싱글'이 이슈가 되는 이유는 부모에게 기생하며 명품(의류, 가방 등)을 사들이고, 여가 생활을 즐기며 생계를 위한 노력보다는 편한 것을 추구한다는 데 있습니다. 심지어 이들은 아무것도 하지 않으면서 연로한 부모의 연금을 나눠 쓰기도 하고, 더 나아가 결혼을 미루고 부모에게 의지하다 부모가 사망한 후에도 연금을 받기 위해 사망 신고를 하지 않아서 유령인구까지 생겨나고 있다고 합니다.

이런 현상은 일본뿐 아니라 세계 곳곳에서 나타나고 있습니다. 영국에서는 부모님의 퇴직연금을 축내는 '키퍼스Kippers, Kids in

Parents's Pockets Eroding Retirement Savings', 캐나다는 직장 없이 이리저리 떠돌다 집으로 돌아와 생활하는 '부메랑 키즈Boomerang Kids', 프랑스는 '탕기Tanguy', 호주는 '마마호텔Mama Hotel', 우리나라에서는 '캥거루족'이라 부릅니다.

경제적 자립을 할 시기가 지났음에도 불구하고 부모에게 의존하고 있는 젊은 층을 가리키며, 사회적 문제라는 시각에서는 모두 유사한 의미를 가지고 있습니다.

부모는 자녀 부양을 위해 은퇴 후에도 계속 노동시장에 머물면서 일하기도 합니다. 우리나라의 경우 아직까지는 '캥거루족' 규모가 일본만큼 심각하지는 않은 것으로 보이지만, 향후 규모가 커지고 일본처럼 심각한 사회 문제가 될 수 있을 것으로 보입니다.

✦ 자연의 모든 것은 독립과 자립이 기본입니다

반대로 자연의 모든 식물, 동물은 때가 되면 다 독립하고 자립하며 생존합니다. 그것도 무척이나 빠릅니다. 기린은 키 5.5m, 어깨 높이 3.7m, 몸무게 1.4톤으로 목과 네 다리가 유난히 긴 동물로 모든 동물 중에서 키가 가장 큽니다. 수명은 15~20년입니다. 열대 사바나 및 초원, 나무가 듬성듬성 나 있는 건조한 초원에 서식하는데, 물을 많이 먹지 않기 때문에 물에서 수백 킬로미터나 떨어진 곳에서 발견되기도 합니다. 긴 혀와 자유롭게 움직일 수 있는 윗입술을 이용하여 아카시아나 미모사 나무의 잎을 뜯어 먹습니다. 기린은 생후 3~4년이 되면 다 자랍니다. 임신 기간은 약 15개월이며, 대개 한 마리의 새끼를 낳습니다. 새끼의 키는 1.8m 정도이며, 태어나서 20분이 지나면 혼자서 일어설 수 있습니다.

스스로 일어나 걷지 않으면 살 수 없기에 자립과 독립하는 생명력의 유전자가 이어져온 것입니다.

흔히 인간을 만물의 영장이라 합니다. 그리고 인간이 하는 연구 중에서 인간 스스로를 연구하는 것만큼 어려운 학문도 없을 것입니다. 인간의 유전자 지도가 그려지고 각종 질병의 원인이 되는 유전인자가 속속 발견되고 있지만 그 역시 유한할 수밖에 없으며, 어쩌면 전체 비밀의 1% 수준도 되지 않을 수 있습니다. 그래도 지금 이 시간에도 연구에 연구를 거듭하는 것은 인간이 갖고 있는 무한한 가능성을 믿기 때문입니다.

하지만 그런 무궁무진한 가능성과는 반대로 본래 인간은 참으로 무능하게 태어납니다. 아마 어떤 다른 동물에 비해도 인간만큼 무능하게 태어나는 존재는 드물 것입니다. 갓난아기를 보신 적이 있습니까. 그 어린 생명이 보호자의 도움이 없으면 얼마 동안 더 목숨을 부지할 수 있을까요. 반대로 세상의 모든 다른 동물들은 태어난 지 얼마 되지 않아 비틀비틀 걷기도 하고 엄마 젖을 빨기도 하는 것을 볼 수 있습니다. 심지어 망아지는 태어나서 1시간이면 비틀거리면서 걷기 시작합니다. 인간은 성장 기간 또한 엄청납니다. 공자께서도 '삼십에 선다三十而立'고 하여 서른 살쯤 되어야 인격적·경제적·사회적으로 홀로서기를 할 수 있다고 보았습니다. 사실 남자의 경우는 병역의 의무를 마치고 대학 졸업해서 취업한 후 결혼해 가정을 꾸리려고 생각하다 보면 삼십 년도 부족할 정도입니다. 하지만 어떤 동물이 30년이란 성장 기간을 거쳐 홀로서기를 할까요. 인간이 가장 긴 성장 기간을 거쳐 자립하는 것만 본다면 인간을 결코 대단하다 할 수 없을 것입니다. 오히려 무능하거나 더디다고 할 것입니다.

그러나 이처럼 늦깎이 존재이지만 인간이 만물의 영장이 된 것은 '무한한 가능성' 때문입니다. 인류의 역사를 살펴보건대 오직 인간만이 문화를 가졌고, 그 문화의 바탕 위에 다시 뒤처지지 않고 계승 발전을 거듭하는 모습을 보여왔습니다.

이제 부모는 자식이 크면 독립시키고, 자식은 적당한 시기가 되면 부모로부터 독립해야 합니다.

✸ 시대는 변화합니다

지금 우리가 살고 있는 이 시대가 어떻게 만들어졌는지 그 변화를 한번 알아보기로 합니다.

⊘ 시대별 변화의 유형

수렵 어로 부족사회	농업사회	산업사회	정보화 사회	지식 정보화시대	감성 미학시대	삶의 질 시대	영성시대 의식시대
계속이동	정착, 안정	제품, 상품 회사 수익 기술 시대	정보 시대 미래 가치	가공된 정보 지식	보기 좋고 편리한 것	인간성 존중 더불어 함께 사는 사회	물질에서 정신으로
먹거리	농수산물	제품	정보 주식	금융상품	디자인 예술가	자아실현 평생학습	깨달음
건강한 육체	육체노동	노동자 근로자 기술자	지식근로자	지식경영자 지식전문가	지식생산자 지식창조자	공공선 추구 삶의 질 자기경영자	멘토, 영성가 통섭, 구루
자연성 천연성 부족장 주술사	도제 사제	know how 기술의 시대	know where 정보와 지식의 시대		know why 이 일을 왜 해야 하는가? 사명과 소명 가치		one network 하나 생명살림

　지금 사회는 지식에 따른 이동사회, 즉 잡 노마드job nomard 사회입니다. 직업job을 따라 유랑하는 유목민nomad이란 뜻입니다. 과거의 평생직장이란 개념이 사라지고 일을 찾아 이곳저곳 직장을 옮겨야만 하는 일종의 '사회적 부작용 현상'을 뜻하는 말이었지만, 최근에는 자신의 의지에 따라 자유롭게 직업을 개척하는 사람들을 말합니다.

　수렵·어로 사회는 먹을 것을 따라 이동하는 사회였습니다. 먹고 살기 위해서 철 따라 이동해야 했습니다. 짐승과 똑같이 먹을거리를 따라 찾아 떠돌아다녔습니다. 이때는 힘이 세고 튼튼한 사람, 건강한 육체노동자가 최고의 대우를 받았습니다. 호모 사피엔스로부터 시작한 인간의 역사는 자그마치 5만 년 동안 이런 생활을 했습니다. 농업을 하면서 비로소 인간은 정착하기 시작합니다. 농업 시대가 찾아온 것입니다. 인류사에서 농업은 엄청난 혁신이었습니다. 떠돌아다니지 않고 정착해서 사는 것은 작은 부족에서 국가가 탄생하는 사회적 진화의 출발점이었기 때문입니다.

농업을 시작하고 산업혁명이 있기까지 인류는 농사를 지었습니다. 국가가 생긴 것은 고작 5천 년 전의 일입니다. 물론 현재도 농업은 인류의 생존을 위한 먹을거리를 공급하는 기초 산업입니다. 이후 동물의 힘을 벗어나 수증기로 터빈을 돌리는 증기기관을 거쳐 산업혁명이 일어나면서 세상이 달라졌습니다. 인간이 살아가기 위해 필요한 편리한 도구를 만들어내고 회사는 수많은 상품을 생산, 유통하고 있습니다. 시장이 지역을 넘어 세계로 확장됨과 동시에 회사라는 조직은 엄청나게 빠른 속도로 성장했습니다.

제품은 돈이 되고 그 돈은 회사의 경쟁력이 되었습니다. 회사의 규모가 커짐에 따라 자본주의가 성장했습니다. 사람들은 성장 가치가 있는 회사에 돈을 투자했고, 이것이 주식회사라는 새로운 개념의 조직으로 성장하게 됩니다. 현재의 수익 가치와 미래의 성장 가치를 가늠하고 판단해 주식이라는 가상의 상품을 만들어 자본을 조달하는 신규 자본시장이 생겨납니다.

지금은 수많은 정보가 돈이 되는 시대입니다. 국가, 기업, 개인을 막론하고 새로운 정보를 가지면 그것이 곧 돈이 되는 시대가 되었습니다. 정보화 시대의 출발입니다. 새로운 정보로 엄청난 규모로 돈을 버는 개인과 회사가 나타났고, 주식시장과 금융 상품 등 수많은 정보에 의해 자본이 통용되는 시장이 생겨났습니다.

정보화 사회가 진화하자 뒤를 이어 나타난 것은 지식정보화 시대입니다. 과거 단순한 데이터 집계가 산업 시대라면, 데이터를 가공해서 정보를 만들고 그 정보를 이용해 돈이 되는 시대를 거쳐, 미래 가치의 금융 상품을 만들고 정보를 가공해서 새로운 지식과 정보를 융합하는 지식 정보화 시대를 지나, 이제는 국가 간의 정보를 가공해서 새로운 미래를 예측하는 엄청난 규모의 FX 외환 거래시장이 생기고, 기타 파생 금융 상품이 생겨서 글로벌 금융 상품을 거래하는 지식 정보화 사회가 된 것입니다.

✸ 물질 시대에서 정신 시대로 변화합니다

천연의 태양열과 가공되지 않은 천연자원으로 자연의 순리에 맞추어 살던 인류는 산업혁명 이후 불과 200년 만에 문화와 기술이 빠르게 발전했습니다. 걷고 말 달리고 이동하던 시대에서 자동차가 나오고 기차가 나오고 하늘을 나는 비행기까지 나와서 이동의 속도가 빨라진 이후 지구별의 기술과 문명의 속도는 급가속으로 발전해나가고 있습니다.

겨우 200년 동안 석탄과 석유, 각종 지하자원을 무분별하게 개발함으로써, 50억 년 동안 지켜온 지구별의 아름다운 환경이 오염되고 파괴되어 몸살을 앓고 있습니다.

그러나 다행히도 파괴되는 지구별을 걱정하고 변화를 추구하는 의식이 피어납니다. 지구별 인간의식도 변화되어간 것입니다.

인간은 저마다 욕구가 있습니다. 일찍이 에이브러햄 매슬로가 '욕구 이론'에서 말한 것처럼, 단순히 먹고 사는 생리적 욕구와 생존의 욕구를 거쳐, 안전해지려는 욕구와 국가나 집단의 조직에 귀속되는 사회적 욕구를 지나 존경의 욕구로 넘어가다 보면 인간성 상실에 반발해 자아실현의 욕구가 생기고 더 나아가 초월적 욕구, 즉 깨달음의 욕구까지 생겨나는 것입니다.

인간성 상실에 피로감을 느끼고 내가 태어난 삶을 행복하게 살고 싶은 성찰이 생겨났습니다. 그래서 인간성 회복, 자아실현의 욕구로 삶에 아름다움을 추구하고 미적인 것에 관심을 가지고 디자인 감각을 깨우기 시작합니다. 이것이 미학의 감성 시대입니다.

여기에서 더 나아가 4대 성현과 모든 선각자들의 핵심이라고 할 수 있는 '내가 왜 인간으로 태어났고, 어디에서 와서 어디로 가는지' 신의 섭리를 깨달으려는 욕구가 생겼습니다. 조직이나 개인의 영적 성장, 바야흐로 영성의 시대가 온 것입니다. 물질만을 추구해왔던 인간들이 드디어 정신의 시대로 회귀하고 있는 것입니다.

본래 자연, 우주의 천연성인 존재 속에 있다가 불의 발견으로 물질을 만들고 시대의 변화 속에 물질만능과 자본주의에 빠져 주객主客이 전도되어 허우적대다가, 이제야 정신의 회복을 통해 천연성과 존재가 있는 신성을 발견하고 균형 있는 삶으로 인류의 의식이 전환, 진화하고 있는 것입니다.

그렇다면 시대에 따라 이렇게 변화되어가는 상황에서 "나는 어느 시대의 실력과 능력으로 살아가고 있는가?"라고 자신에게 질문을 던져봐야 합니다.

여러분은 과연 지금 이 시대에 살고 있습니까? 이 시대의 격格에 맞게 지식과 실력과 장비와 도구를 갖추고 살고 있습니까? 과연 이 시대의 변화에 적절하게 대응하고 있습니까?

육체노동자는 물론 근로자, 지식 근로자, 지식 전문가, 지식 경영자, 지식 창조자, 예술가, 자기 경영자, 영성가구루까지 나는 과연 어느 시대의 사람이며 어느 수준에 있는가를 끊임없이 돌아보아야 합니다. 그리고 자신의 수준이 지금 일반적인지 아니면 전문가의 수준인지, 시대에 맞게 변화되어 경쟁력 있게 사는 사람인지 아닌지 곰곰이 살펴보아야 합니다.

이 시대의 기술과 지식과 정보와 문화가 어디로 가고 있는가를 볼 수 있는 안목과 이 모든 것을 편집하는 능력을 키워, 나와 내 주위에 제공할 수 있도록 자신을 적응시켜야 합니다.

노하우know how, 노웨어know where, 노와이know why 시대

우리 모두는 자신을 근본적으로 이해함으로써 본성을 회복하고, 자신만의 성격과 성질을 알아서 재능과 소질을 깨닫고 그것을 적극적으로 개발해서 이 땅에서 즐겁게 쓰임받고 행복하게 누리는 삶을 살다가 가야 합니다. 그러나 안타깝게도 지금 이 시대는 진정한 인간의 본성은 사라지고 물질적 가치에 우선순위를 두고, 시스템적 사고와 판단 기준에만 치우쳐 로봇처럼 일하고 있습니다. 그에 따라오는 피로 증후군으로 대부분 힘들게 살아갑니다.

그러나 이제는 지식 기반 사회의 효율적인 업무 중심의 시스템적 경영 기법인 'How to do'에서, 인재 중심 경영인 'Who to do'로 치열하게 변화하고 있습니다. 과거 농업 사회와 산업 사회가 노하우know how 시대였다면, 정보화 시대는 노웨어know where의 시대입니다. 어디서 싸게 만들고 싸게 사서 어디에 비싸게 파는가에 정보가 집중되어 있었습니다.

그러나 21세기는 노와이know why의 시대입니다. 직職이 아니라 업業의 가치 시대인 것입니다. 이 일을 왜 하는지에 대한 가치와 이유가 있어야만 인간은 가치와 의식이 무너지지 않습니다. 업의 정신을 회복해야 하는 시대입니다. 내가 무엇을 도울까의 시대may I help you 마음으로 공공선公共善, common good과 세상을 널리 이롭게 하는 생명살림의 시대입니다. 이제는 국경 없는 지구촌에서 지식과 직업의 유목민인 잡 노마드 세상의 시류에 따라 국가라는 지역적인 한계를 벗어나 전 지구적으로 정보와 지식을 공유하고 이동하는 사회입니다. 효율성을 강조하는 이성적 가치 중심(머리)에서, 감성 중심(가슴)으로 바뀌고 있습니다. 더 나아가 영성으로의 발전을 통해 삶의 질을 높이고 군더더기 없는 통합Lean Enterprise으로 하나 되는, 사랑과 기쁨이 있는 깨달음을 통해 참다운 인간의 행복을 풍성하게 누리고 사는 영성(의식) 경영의 시대입니다.

✺ 공자가 말한 세 가지 즐거움孔子三樂의 의미

子曰자왈 學而時習之학이시습지면 不亦說乎불역열호아.

有朋유붕이 自遠方來자원방래면 不亦樂乎불역락호아.

人不知而不慍인부지이불온이면 不亦君子乎불역군자호아.

공자가 말하기를 배우고 때로 익히면 또한 기쁘지 아니한가.

친구親久가 먼 곳에서 나를 찾아오면 또한 즐겁지 아니한가.

남이 나를 알아주지 않아도 남을 원망하지 않으니

이 또한 군자로 기쁘지 아니한가.

공자가 말한 배우고 때때로 익히는 것은 새로운 것에 대해서였습니다. 이미 배운 것을 또 배운다면 결코 즐거울 리 없을 것입니다. 배움에는 항상 새로운 것新이 있어야 즐겁습니다. 모르는 것을 새롭게 배우고 알며 그것을 몸에 익혀 쓸 수 있다는 것이 진정 신명 나는 참 배움이요, 기쁨이기 때문입니다. 따라서 과거의 학문도 중요하지만 그 과거를 통해 현재의 새로운 학문을 배우고 다가올 미래를 예측하고 준비하는 사람만이 현존現存하는 진짜 사람이며, 동시대를 살아가는 사람이라 할 수 있습니다.

신新이라는 한자를 파자해 보면 나무木를 잘 세우기立 위해서는 도끼斤로 잘 다듬고 쳐내야 새로워질 수 있다는 뜻을 가지고 있습니다. 우물 안 개구리처럼 항상 주변의 것이 전부라는 생각을 버리고, 먼 곳에 있는 새로운 소식을 접하고 배워서 모방하고 창조하는 새로운 신新의 토대 위에서 만나는 친구가 참 기쁨이라는 것을 말하고 있습니다.

✸ 착실着實 나무의 비밀을 아십니까?

공중에 붕붕 떠다니는 나무를 본 적이 있습니까?

나무가 살아가려면 땅地 속에 뿌리를 내려 흙과 하나가 되어 바짝 붙어 있어야 합니다.

나만의 꿈나무를 잘 다듬고 가지치기를 통해서 이 땅에 착着 하고 붙어야 실實하게 꽃을 피우고 열매 맺을 수 있습니다. 이것이 착실着實하다는 것입니다.

사람들은 목적이 이루어지면 그때 가서 무언가를 하려고 하겠다고 말합니다. 그러나 그것은 공중에 떠 있는 나무이기를 바라는 마음과 같습니다. 착실하지 않은 것입니다.

나중에 그것이 되어서 하려고 하지 말고, 지금 이 순간 그것이 된 것처럼 현재를 착실하게 살아야 내 꿈의 나무가 꽃이 피고 열매도 맺습니다.

천 리 길도 한 걸음부터 가다 보면 목적지에 도착하고, 티끌을 모으면 태산이 될 것이라는 믿음은 착실함에서 나옵니다. 이 땅에 살아가는 것은 모두 착실하게 변화에 맞추어 생명력을 이어가야 합니다. 생명과 지식과 문화를 이어가야만 살아남을 수 있습니다. 이것은 제가 주장하는 이야기가 아닙니다.

1859년 『종의 기원』을 발표한 다윈이 말하는 진화론의 핵심은 결국 강한 종도 약한 종도 아니고 살아남은 종이 강한 종이라는 말입니다. 이 주장은 생물학의 범주를 넘어 다른 많은 학문 영역들은 물론 일상생활에도 폭넓게 영향을 미치고 있습니다. 우리 삶도 진화론의 바탕 위에 있습니다. 결국 지속적으로 살아남는 것이 이 땅에서 우리가 해야 할 가장 큰 의미라고 생각합니다.

CHAPTER

02

당신의 삶은
지금 어디에 있습니까?

현재 당신은 부자입니까?

부자가 되고 싶습니까?

그렇다면 부자가 되기 위해서 무엇을 준비하셨습니까?

부자가 되기 위해서는 먼저

내가 어떤 사람이고,

무엇을 하고 싶은지,

나의 현 위치를 알아야 합니다.

그래야 내가 원하는 행복한 부자의 목표와 방향을 정할 수 있습니다.

그 일이나 마음이 당신이 원하는 행복한 부자를 향하고 있습니까?

당신의 삶은 지금 어디에 와 있고, 어디를 향해 가고 있습니까?

현재 나는 부자입니까?

"당신은 부자입니까?"라는 물음에는 아니라고 답하는 분들도 "당신은 서민층, 중산층, 상류층 중에 어느 부류에 속해 있다고 생각하십니까?"라고 질문하면 부유층이라고 답하는 소수를 빼고는 대부분 중산층이라고 대답합니다. 통계적으로는 서민층이 10~15% 정도이고 나머지 80%는 중산층, 3~5%는 부유층이라고 생각하고 살아갑니다. 그런데 이 모든 답변의 기준이 동산과 부동산, 즉 돈에 대한 자기 생각입니다.

정말 돈이 많으면 행복한 부자일까요? 체력만 좋고 건강하지만 돈이 없으면 부자가 아닐까요? 체력, 지력, 심력, 일과 직업의 만족도, 돈과 경제력을 전체적으로 비교했을 때는 전혀 다른 이야기가 나옵니다.

나는 그래서 4번가의 삶을 추천합니다(옆 페이지 그림 참조).

균형 있는 부자로 가는 방향은 지력과 체력과 심력과 경제력을 모두 관통하여 상승하는 것입니다. 현재 여러분이 몇 번가에 머물러 있는지는 모르지만, 그곳은 여러분이 계속 머물 곳이 아니라 일시적인 정류장입니다. 지금 당장 4번가로 가는 버스를 타야 합니다.

◎ 균형 있는 부자로 가는 방향

지력	2번가 실력과 지식은 있는데 가난한 사람	4번가 건강하고 평생학습인 지식전문가 재력도 있고 삶을 예술로 가꾸는 사람
심력	1번가 육체노동자	3번가 건강과 돈은 있는데 지식과 인격이 부족한 사람
일 전공	체력	재력

✴ 삶을 예술로 가꾸는 4번가 사람들

누구나 자기만의 방식과 선택에 따라 살아갑니다. 당신은 어떤 삶을 살고 싶은가요? '어떤 삶을 산다'는 것은 자기만의 고정된 주관의 틀에 갇혀 살게 된다는 것을 의미합니다.

물론 그 어떤 삶도 다 소중하기에 존경을 표합니다. 그러나 각기 다른 삶에 정답은 없습니다. 그래서 나는 '어떤'이라는 자기만의 방식에서 벗어나 '그 어떤 삶도 살 수 있는 사람'으로 살아가기를 희망합니다. 고정되고 편협한 주관이 아니라, 유연성 있고 시원한 객관으로 자유로운 삶을 말하고 싶습니다. 그러나 어떤 삶이 보다 풍요로운가 하는 것은 한 번쯤 비교해볼 만합니다. 삶의 축을 돌리는 방향을 전문 지식과 깨달음으로 정한 사람들과 물질, 돈, 부로 정한 사람이 같을 수는 없기 때문입니다. 과학의 사실적 토대 위에서 배우고 질문하는 철학의 문을 지나 평생학습인이 되고, 죽음이 없는 종교의 세계를 넘어 재력을 키워 자유와 사랑과 봉사로 나와 내 주위를 행복하게 만들며 삶을 예술로 가꾸어가기 위해서는 네 가지의 삶으로 구분해서 비교해보려고 합니다.

먼저 1번가의 사람들입니다.
이 사람들은 자기가 무엇을 원하는지, 무엇을 배워야 하는지, 그래서 전문 지식을 어떻게 쌓아서 어떤 직업을 택하고 그 일을 통해 경제적 안정을 꾀해야 하는지에 대한 관심과 사랑 없이 되는 대로 살아갑니다. 이들에게는 꿈도 없고, 따라서 열정도 없습니다. 그래서 공부도 안 하고, 돈을 벌어 경제적인 안정을 통해 삶을 변화, 발전시키는 것에는 관심이 없습니다. 한마디로 무책임해서 배우려 하지 않고, 자기 삶에 대한 애착이나 생명력도 없습니다. 최악의 경우에는 무기력한 노숙자에게서 볼 수 있고, 최상의 경우라고 해도 큰 발전 없이 노동자의 삶을 살거나 '어쩔 수 없어서 산다'는 사람들입니다.

두 번째는 2번가의 사람들입니다.

이 사람들은 공부하고 깨닫는 앎 쪽에만 치우쳐 살아가는 부류입니다. 배우고 깨치는 삶에만 치중합니다. 이렇게 살다 보면 이론과 지식에 관념이 고착화되고 점점 행동으로 실천하며 살기보다는 머리 중심으로 앎에 갇혀서 사는 경우가 대부분입니다. 이들은 지식은 풍부하더라도 물질적으로는 부족하거나 가난합니다. 그러나 모르는 사람들을 무식하다고 비난하기도 하면서 자기의 자존심을 지키며 살아가는 경우가 많습니다.

세 번째는 3번가의 사람들입니다.

이 사람들은 물질과 돈, 경제에만 치중하는 사람들입니다. 오직 돈만 잘 벌고 사업만 잘하면 된다고 생각합니다. 물질이 전부이기에 돈을 위해서 열심히 살다 보면 부자가 될 수도 있지만, 그에 대한 부작용으로 깊이 있는 지식과 인격과 교양이 부족한 사람이 될 수도 있고, 극도의 자만심으로 돈은 좀 벌었다고 하지만 인생이 허무할 수도 있습니다. 지인 중 한 분은 돈 많이 벌어야 잘살수 있다고 열심히 벌었습니다. 나중에 은퇴해서 잘 먹고 잘살려고 태국에 갔는데 골프를 6개월 치니까 더 이상 재미가 없었다고 합니다. 경제력 물질만으로 먹고 놀기에는 삶이 주는 행복의 크기가 사람들이 만족하기에는 한계가 있다는 것입니다.

네 번째가 4번가의 사람들입니다.

이 사람들은 소질과 재능을 발휘해 즐겁게 배워 평생학습인, 지식 전문가가 됩니다. 마음에는 평상심과 평화, 사랑과 감사가 넘치며, 자기 자신을 사랑해서 건강한 체력 관리도 합니다. 돈 버는 일에도 전공을 살려 경제적인 안정을 통해 물질의 여유도 가지면서 자기 삶을 균형 있고 풍요롭게 누리는 쪽을 지향합니다.

과연 우리는 어떤 삶을 살고 있고, 어떻게 살고 싶을까요? 한쪽으로 치우쳐 균형이 맞지 않은 삶을 살고 싶을까, 아니면 좌우의 균형을 맞춰 물질적 안정과 아름다운 학습을 모두 누리며 살고 싶을까요? 대부분 후자에 동의할 것입니다. 그래서 나는 4번가의 삶을 여러분에게 제시합니다.

물질적인 것에만 치우치지 않고 건강한 체력의 토대 위에 정신적인 것과 지식적인 것을 쌓아야만 돈을 벌고 부자가 되는 시대입니다. 그래서 미래는 4번가의 삶을 지향하는 것이 바람직하다고 볼 수 있습니다. 이에 따라 나는 앞으로 나올 몇 가지 분야의 삶을 누려보라고 권합니다. 건강한 체력과 무지와 가난에서 탈출해서 지식 면에서 이론과 방식의 도와 법을 넘고, 전문가로서 안정적인 경제력을 키워, 물질에 구속된 삶을 벗어나 자유롭게 삶을 예술로 가꾸기를 권합니다.

✸ 제발 공부工夫 좀 합시다!

학창 시절 제일 듣기 싫었던 말 중 하나가 바로 "공부 좀 해라!" 일 것입니다. 그런데 베스트셀러인 책 제목처럼 사실 세상에서 가장 쉬운 것 중 하나가 '공부'입니다. 공부는 다른 사람과 싸울 필요가 없이 자신이 한 만큼 이루어지기 때문입니다. 그리고 공부는 학창 시절에 끝나는 노력 행위가 아닙니다.

공부는 이 시대의 도구와 기술을 익히고 자기 전공을 살려 지식을 습득하여 그 분야의 전문가가 되는 것입니다. 이것이 글자 그대로 공부工夫입니다. 그런데 공부하려면 선생님, 스승을 잘 만나야 합니다. 무협지에서 흔히 말하는 기인고수를 만나 공부해서 자신도 고수가 되는 식입니다. 내가 어떤 선생님과 스승과 관계하느냐가 내 공부의 방향과 성취가 되고 결국 내 삶의 수준이 됩니다.

책 한 권을 소개해봅니다. 어느 날 밤 고등학교 동창생들의 모임, 마이클이 친구들에게 들려주는 이야기로 시작됩니다. 스펜서 존슨 박사의 『누가 내 치즈를 옮겼을까?』라는 책은 30분이면 충분히 읽을 만큼 짧은 분량의 책입니다. 중요한 것은 이 짤막한 우화가 왜 그토록 전 세계 많은 사람들에게 읽히고 또 읽히는지를 생각해보아야 한다는 것입니다. 이 점을 염두에 두고 이 책을 읽어나간다면, 여러분은 이 짧은 우화를 더욱 깊이 있게 만날 수 있을 것입니다.

책의 주인공은 두 마리의 생쥐 스니프와 스커리, 그리고 두 꼬마 아이 헴과 허입니다. 이 넷은 매일 맛있는 치즈를 찾기 위해 미로 속을 열심히 뛰어다닙니다. 방법은 조금 달랐지만 치즈를 찾기 위해 열심히 뛰어다닌다는 것만은 모두 같았습니다. 결국 생쥐 두 마리와 꼬마 둘은 좋아하는 치즈가 가득한 창고를 찾게 됩니다. 이후 그들에게는 작은 변화가 일어납니다. 좋아하는 치즈가 쌓여 있는 창고를 찾았음에도 생쥐 두 마리는 다소 비능률적으로 보이지만 부지런하게 매일 미로 속을 뛰어다닙니다. 그러나 두 꼬마 헴과 허는 더 이상 미로 속을 뛰어다니지 않고, 찾아낸 치즈를 누리며 즐거운 하루하루를 보냅니다.

그러던 어느 날 영원히 가득할 것만 같던 그들의 치즈 창고에 치즈가 몽땅 사라져버립니다. 아니, 어쩌면 치즈가 점점 줄어드는 것을 알아차리지 못한 것일지도 모르죠. 텅 비어버린 치즈 창고 앞에서 그들이 보인 행동은 너무나 달랐습니다. 스니프와 스커리는 매일 해왔던 것처럼 즉시 다른 치즈 창고를 찾아 미로 속을 뛰어다녔습니다. 치즈 창고가 비어버린 것이 아쉽기야 하겠지만 그리 좌절할 일은 아니었습니다. 그러나 더 이상 미로 속을 뛰어다니지 않게 된, 영원할 것만 같던 치즈 창고의 안락함에 취해버린 두 꼬마 헴과 허는 비어버린 창고에 대한 미련과, 미로에 대한 불안감으로 빈 창고를 떠나지 못합니다.

동일한 상황에 대해 다른 행동을 취하는 주인공들의 대조적인 모습은 바로 책을 읽고 공부하는 우리의 모습입니다. 변화에 적극적으로 반응하고 즉각적인 행동을 취하는 사람이 있는가 하면, 불확실한 변화보다는 안정성이라는 성벽을 견고히 하는 사람도 있게 마련입니다. 사실 현실에서 누가 옳다 혹은 틀렸다고 단정 짓기는 어려운 부분이기도 합니다. 그 누구도 자신의 미래를 알 수 없습니다. 정해진 답이 없는 불확실한 현실의 모습은 이야기 속의 '미로'와 꼭 닮았습니다. 불안하고 두려운 변화 혹은 새로운 것에 도전하기보다는 현실에 안주하기가 더욱 쉬운지도 모릅니다. 사실 대부분의 사람들은 애써 찾아낸 치즈 창고에 대한 미련을 쉽게 버리지 못하고 안주하려고 하는 헴과 허에 더 가까울지도 모릅니다. 모두가 예상하듯 결국 스니프와 스커리는 오래 걸리지 않아 새로운 치즈 창고를 찾아냅니다.

✺ 집을 보려면 먼저 집 밖으로 나가야 합니다

이야기 속 '치즈'는 우리가 추구하는 직장, 성공, 재물, 가정 그리고 인간관계 등 모든 것을 아우르는 개념입니다. 현실에서는 치즈 창고가 텅 비어버리는 일이 쉽게 일어나지는 않습니다. 그러나 치즈가 영원히 바닥나지 않는다는 보장도 전혀 없습니다. 편안하고 안정적인 현실에 만족할 것인가 변화와 도전이라는 험난한 여정을 떠날 것인가는 결국 자신이 선택해야 할 문제입니다. 그러나 두려움을 이겨내고 미로 속으로 한 발 한 발 내딛는다면, 그리고 그 두려움이 점차 즐거움으로 바뀌어간다면 새로운 치즈 창고의 문이 열릴 것입니다.

"집을 보려면 먼저 집 밖으로 나가야 한다."라는 말처럼 자립과 성장을 위해 익숙한 곳에서 '떠나는 것'이 출세出世입니다. 성경에서도 성공한 사람들의 비밀은 떠나는 것입니다. 모세, 요셉, 야곱, 석가모니가 그랬습니다. 그리고 대한민국에서는 출세出世해서 성공한 사람의 대표적 인물로 정주영 씨를 꼽습니다.

나는 현대그룹의 고故 정주영 회장을 존경합니다. 출세로 시작해서 자기 삶을 경영하고 성공한, 우리나라를 대표하는 경영인인 그분이 너무 존경스러워서 한번은 묘소를 찾아갔습니다. 묘소 앞에서 그분에게 던진 질문은 다음과 같습니다.

"정 회장님. 시골집에서 소를 팔아 집을 떠나실 때 당신의 삶이 어떻게 펼쳐질지 두렵지 않으셨나요?"

집에서 소를 팔아서 도망칠 때와, 부모님과 이별하고 집을 나올 때 기분이 어떠했을지 역지사지의 심정이 되어 물어봅니다. 당시 정 회장의 상황과 심정을 나 스스로 해석하고 독백처럼 말해봅니다.

"이보게. 난 내가 원하는 삶을 살고 싶었어! 그런데 집에 있자니 내가 꿈꾸는 것을 결코 이루지 못할 것 같더라고. 농사를 짓고 살다 가는 동네 사람들을 보니 나도 어떻게 살다가 죽을지 보이더라고. 난 그렇게 살고 싶지 않았어. 한 번뿐인, 하나뿐인 삶이 아니던가. 그래서 내 꿈과 욕망을 선택했다네. 두렵지만 더 큰 세상을 향해 도전하기 위해 떠나기로 결심했지!"

출세하기 위해 세상으로 나아가는 것이 출세出世입니다. 그래서 '출세했네'는 박수 치며 마지막에 하는 말이 아니라, 시작할 때 격려하면서 해주어야 할 말입니다. 내가 있는 곳을 떠나 새로운 곳으로 나아가는 것이 출세이기에, 출세하기 위해서는 반드시 떠나야 합니다. 성경의 핵심 진리 중 하나도 떠나는 것입니다. 석가모니의 깨달음도 떠나는 것에서 시작합니다. 그 좋고 안락한 환경을 떠납니다. 늘 떠납니다. 아비·본토·자식을 떠납니다. 고향을 떠나고, 형제를 떠나고, 애굽을 떠나고, 왕궁을 떠나서 새로운 곳을 향해 갑니다. 지금 익숙하고 안락한 곳을 과감히 떠나는 것입니다.

✸ 출세했다면 반드시 선생님을 만나야 합니다

'삶은 관계'라고 말했습니다. 우리는 모두 관계를 맺고 살아갑니다. 이 세상은 인드라 망網과 같습니다. 인드라 망은 불교에서 보는 세상입니다. 인드라의 그물은 한없이 넓고 이음새마다 구슬이 있는데, 그 구슬은 서로를 비추어주는 관계라고 합니다. 그 구슬들은 서로를 비출 뿐만 아니라 그물로 서로 연결되어 있습니다. 그것이 바로 우리네 인간세상의 모습이라는 것입니다. 결국 우리는 스스로 자기 혼자서 멋대로 맘대로 살아가는 것 같지만 실제로는 서로 강력하고 유기적으로 연결되어 있으며 서로 비추고 있는 밀접하게 흔들고 흔들리는 관계라는 것입니다. 그렇기에 그물 한 코만 당겨도 저 멀리 떨어진 미국이나 중국의 누군가에게 영향을 미치는 나비 효과가 발생할 수 있다는 말입니다.

우리는 이 세상 모든 것들과 관계합니다. 관계를 위해서는 그 무엇보다도 우선하는 것이 상대하는 존재와의 만남일 것입니다. 세상의 모든 것들, 자신과는 다른 하나하나의 존재와 관계를 위해 만난다는 것은 참으로 귀하고 귀한 행위입니다. 그 각각의 존재와 어떻게 결정해서 관계하며 만나느냐에 따라 전혀 다른 결과와 미래가 생겨납니다. 원인이 없는 결과는 없습니다. 어떻게 만나는가, 어떻게 관계하는가에 따라서 결과를 분명히 가지는 인과의 법칙을 따르고 있습니다.

나에게는 이 세상에 태어나 처음으로 만나는 부모님이 있고, 성장하면서 만나게 되는 형제와 친척, 이웃들이 있고, 유치원이나 학교라는 집단을 통해서 만나는 친구와 선생님과 관계하며 공부를 하게 됩니다. 시공을 초월해서 책과의 만남을 통해 공부하기도 합니다. TV와 라디오, 컴퓨터와 스마트 폰, 인터넷과 유튜브 등을 통해 매 순간 세상의 다양한 사람들과 만나고 있습니다.

바닷가의 모래알보다 많은 만남 중에서 내가 성장할 수 있고 배울 수 있는 가장 좋은 길은 선생님을 잘 만나는 것입니다. 인생 성공의 법칙이 바로 이것입니다. 왜냐하면 내가 어떤 선생님을 만나고 관계하느냐에 따라 나의 삶의 높이와 깊이, 넓이가 달라지기 때문입니다. 좋은 선생님을 만나면 나의 그릇 자체가 커지고 삶의 품격이 높아집니다. 제아무리 잘난 척해도 물 1리터밖에 못 담던 그릇이 관계에 의해서 1천 리터의 물을 담을 수 있는 그릇이 됩니다. 선생님은 이미 경험하고 가보셨기 때문에 방법과 길을 알려주십니다. 그래서 우리는 모르는 것, 막힌 것을 뚫고 삶을 살아가려면 그때그때 선생님을 만나야 하고 결국 평생 배워야 합니다.

누구는 말합니다. "그까짓 선생님이 왜 필요한가? 내가 잘하면 되지!" 오만한 생각입니다. 그래봐야 자기 수준에만 머무를 뿐입니다. 나는 이것을 '화분 의식'이라고 칭합니다. 화분 안에 있는 화초는 아무리 자라봐야 그 화분 크기를 벗어나지 못하기 때문입니다. 그것도 물을 안 주면 곧바로 시들고 말라 죽어버립니다. 스스로 잘난 사람은 이 세상에 아무도 없습니다. 이미 세상의 모두 잘났다는 사람들도 엄마의 뱃속에서 엄마라는 위대한 선생님이자 멘토를 경험하고 나온 존재이기 때문입니다.

영적인 스승이나 멘토와 같은 삶의 선생님을 만난다는 것은 그 무엇보다도 중요한 일입니다. 참다운 선생님을 만나는 것은 아마도 축복 중에 축복일 것입니다.

우리의 만남은 만나는 것 자체가 '만나'가 됩니다. 성경에 나오는 만나는 하나님이 광야에서 이스라엘 백성을 위해서 하늘에서 내려준 떡입니다. 우리가 험난한 광야 같은 삶에서 참다운 스승을 만나는 것이 생명의 떡인 진정한 '만나'가 아닐까 생각해봅니다. 예수님도 제자들과 '만나'주셨습니다. 물어주고 나를 따르라 하며 함께하고 안내하고 가르치셨던 것처럼, 선생님을 '만나'면 선생님은 생명의 떡을 주고 제자를 살리려고 도와주십니다.

이런 만남은 내가 성장할 수 있는 가장 좋은 기회입니다. 억만금을 주고도 얻을 수 없는 시간입니다. 지금 여러분의 선생님은 누구입니까? 어떤 선생님과 관계하고 있습니까?

🏵 고파야 채울 수 있습니다

고프다는 것은 주로 뱃속이 비어 음식을 먹고 싶은 상태를 말합니다. 그런데 '고프다'의 어원과 가까운 '곯다'라는 말은 속이 물크러져 상하거나, 은근히 해를 입어 골병이 들거나, 양量에 아주 모자라게 먹거나 굶거나, 그릇 등 한 부분이 옹골차지 않고 폭 꺼진 상태를 말하기도 합니다. 그러니 고픈 상태란 채워지지 않고, 불완전하게 꺼져 있는 상태입니다. 우리는 모두 일정 부분 늘 이런

⊘ 선생님과 스승의 구분

구 분	내 용
① 성현(聖賢)	존재와 신과 하나 된 관계 공자, 석가, 소크라테스, 예수
② 구루(Guru)	깨달음을 위한 영적 지도자, 스승
③ 멘토(Mentor)	자아실현을 위한 전인 개발 교육(知 · 情 · 意 모두 갖춘 인간)
④ 컨설턴트 (Consultant)	경영 분석 보고서, 문제 해결 시스템 개선 및 도입
⑤ 코치(Coach)	기술 습득, 경기 우승, 자격증 취득
⑥ 교수(Professor)	대학 학점, 학위, 자격증, 각종 고시
⑦ 선생님(Teacher)	초중고 교과서 학습, 시험 성적, 입시, 진학

고픈 상태임을 알아야 합니다.

　다음 페이지의 시詩에서는 우리가 배, 머리, 가슴, 영혼까지의 통합된 삶을 예술로 꽃피우는 그 순간이 바로 배고픔에서 배부름으로 넘어가는 것이라 말하고 있습니다.

고파서

한평생 배가 고프면
밥만 먹는 줄 알았다.
이제는 머리가 고프다.

앎이 하나하나 쌓여
알음이 되고 아름답게 되니
이제는 가슴이 고프다.

사랑이 하나하나 쌓여
예술이 되고 사랑 꽃을 피우니
이제는 영혼이 고프다.

나를 살리는 그 신의 사랑
한없이 고마워 내 영혼이 빛난다.

인디언 마을에서 아이들이 뛰어놀고 있다. 인디언 할아버지가 손자를 무릎 위에 앉혀놓고 말한다.

"애야, 이 세상은 참 넓고도 크단다. 그래서 너는 이 세상 어디든지 갈 수 있단다. 너는 어느 쪽으로 가고 싶니?"

"나는 저기로 가고 싶어요!"

"그래, 그쪽은 동쪽이야. 너는 동쪽으로 끝까지 갈 수 있단다."

"그런데 나는 저기로도 가고 싶은데요."

"응, 그쪽은 서쪽이란다. 너는 서쪽으로도 끝까지 갈 수 있단다."

"나는 저기로도 가고 싶은데요."

"응, 그쪽은 남쪽이란다. 너는 남쪽으로도 끝까지 갈 수 있단다."

"그러면 저쪽은요?"

"응, 그쪽은 북쪽이란다. 우리 손자는 북쪽으로도 끝까지 갈 수 있지."

"저 위쪽은요?"

"거기는 하늘이지. 너는 하늘로도 끝까지 갈 수 있단다."

"그럼 저 아래로는요?"

"아래는 땅 속이지 너는 땅으로도 끝까지 갈 수 있단다."

"정말이요?"

"애야, 그런데 말이다. 동쪽으로는 너보다 토끼가 더 빨리 간단다. 서쪽으로는 너보다 사슴이 더 빨리 가고, 남쪽으로는 너보다 말이 더 빨리 달려갈 수 있고, 북쪽으로는 늑대가 너보다 더 빨리 가지. 저 하늘에는 독수리가 너보다 더 빨리 가고, 저 땅 속으로는 두더지가 너보다 더 빨리 간단다.

그런데 애야, '동서남북상하'로만 가려고 하면 정신없이 쫓아다니기만 바쁘고 동분서주하다가 인생이 끝난단다. 동쪽으로 가다 보면 서쪽으로 돌아오고, 남쪽으로 가다 보면 북쪽으로 돌아오지. 그래서 사람이 가야 할 마지막 방향이 있단다.

그게 바로 일곱 번째 방향, 머리에서 가슴으로 가는 방향이란다. 머리에서만 살면 생각이 생각을 낳고 온갖 생각만 하다가 살게 되지. 그래서 머리에서 가슴의 느낌으로 가면 지금 이 순간에 예쁜 꽃을 눈으로 보고 느낄 수 있고, 귀로는 아름다운 노래를 듣고 느낄 수도 있고, 코로는 맛있는 음식 냄새도 맡고 느낄 수 있고, 입으로는 맛있는 맛을 느낄 수도 있고, 피부로 감촉을 느낄 수도 있지.

그리고 일곱 번째 방향은 신이 주신 본래 하나 된 존재와 소통할 수 있는 통로이기도 하단다. 머리에서 가슴으로 가면 느낌의 세계가 풍성해서 삶이 참 풍요롭고, 신이 베풀어주신 자연에 감사한 마음으로 소통하면서 살 수 있단다. 결국 우리는 자연에서 와서 자연으로 돌아가기 때문이란다.

할아버지는 네가 동서남북상하 여섯 방향의 세상을 많이 돌아보기도 하지만, 일곱 번째 방향으로 너의 본성과 존재를 회복하고 베풀어주시는 신의 은혜에 감사드리고 순리에 맞게 성장하는 행복한 삶을 살아가기를 바란다."

✺ 뉴턴의 두 번째 운동 법칙 'F = ma'

엠제이 드마코가 지은 『부의 추월차선』이라는 책이 있습니다. 이 책을 잘 읽어보면 결국 부를 일구기 위한 조건 중 가장 중요한 두 가지를 알 수 있습니다.

첫 번째로 정신적 에너지의 원천은 '가족의 사랑'이라는 것입니다.

부자가 되기 위한 동기부여Motivation의 에너지가 어디서 나올까요? 가족을 이끌어가는 아버지와 어머니는 왜 부자가 되고 싶고 왜 행복하게 살고 싶어 할까요? 그것의 출발은 사랑입니다. 그리고 그 사랑의 대상은 자녀를 포함한 가족입니다. 부모 세대는 자기들을 희생해서라도 사랑하는 자녀들을 덜 고생시키고 더 잘살게 하겠다는 희망에서 부자가 되겠다는 마음을 가지기 시작합니다. 그리고 그 희망은 자식이 잘 자라고 부모에게 잘할 때 더 탄력을 받게 됩니다.

『논어』에 '子孝雙親樂자효쌍친락 家和萬事成가화만사성'이라는 말이 있습니다. 자식이 부모에게 효도하고 부부가 서로 친하고 즐거우면 가정이 화목하고 만사가 이루어진다는 말입니다. 자식이 부모님 말씀 잘 따르고 효도하는 데서 부부의 기쁨이 시작되고 삶이 즐겁게 됩니다. 그래서 그 부모는 자식들을 위해 더 잘살아서 부를 자식에게 물려주고 싶은 동기부여의 에너지가 생겨나고 더 부자가 되고 싶어 합니다.

그러니 만일 자식들이 부모에게 무관심하고 부모 말을 안 들으면 부모는 자식들을 위해 잘하고 싶은 욕구나 의도가 사라져서 부자가 되려는 마음도 사라지게 됩니다. 부모는 자식이 스스로 공부도 잘하고, 운동도 잘하고, 건강하게 잘 자라주는 것이 기쁨과 즐거움의 원천이기 때문에 가족의 행복과 자녀의 발전을 위해 목숨까지 바칠 각오가 되어 있습니다.

그 처음의 출발하는 가치를 자식들이 제공하고 있습니다. 그래서 자녀교육이 중요하고 자녀의 효孝가 집안을 살리는 가족과의 친밀한 관계가 되고, 세상을 살아가는 원천적인 에너지가 되며, 그 사랑의 에너지는 세상일을 하는 데 희망의 긍정적 에너지로 작용해서 만사가 다 잘 되어간다는 이치가 담겨 있는 글이라 할 수 있습니다.

두 번째 에너지는 '육체적 건강'입니다.

마음그릇은 몸 그릇이고, 몸 그릇은 마음그릇이라는 말이 있습니다. 둘 중에 하나가 부실하면 건강하지 못합니다. 행동의 에너지를 뒷받침해주는 건강한 육체가 있어야 힘을 쓰고 일에 전념할 수 있습니다. 그래서 드마코는 '가족Family＋건강Fitness=자유Freedom'라며 3F가 행복한 삶을 살아가는 구성 요소라고 말하고 있습니다.

혹시 뉴턴의 두 번째 운동 법칙인 가속도의 법칙을 기억하시나요? 'F=ma', 즉 F힘는 m질량과 a가속도를 곱한 값입니다.

그렇다면 이렇게도 해석해볼 수 있습니다. 에너지의 크기, 즉 부자가 될 수 있는 에너지는 결국 M질량 = 전공, 체력, 지력, 심력, 재력과 A가속도에 비례할 것입니다. 길에 비유하자면 사람들이 걸어가는 인도人道로 가면 당연히 천천히 걸어갈 수밖에 없어서 가난할 것입니다. 운전을 한다고 해도 서행차선이나 일반차선으로 가면 평범한 삶을 살 수밖에 없고, 부피를 가볍게 해서 추월차선으로 질과 양을 더해 가속도를 내면 부자가 될 수 있습니다. 걸어가는 것과 차를 타는 것은 다른 결과를 만듭니다. 어떤 차를 타고 어떤 차선으로 달리는가에 따라 일, 적성, 직업, 지력, 재력, 체력, 심력과 같은 갖가지 변수에 의한 질량과 가속도가 달라져서 결국 나오는 힘도 다르게 될 것입니다.

모든 차에는 엔진의 출력에 따른 힘마력이 있고, 속도계가 있고, 연료가 있습니다. 속도를 내기 위해 가속페달을 밟을지 여부는 내가 결정하게 됩니다. 일반도로로 갈 때에는 대가를 지불하지 않아도 되지만 고속도로를 달리겠다면 톨게이트 비용이라는 대가를 지불해야 합니다.

이것처럼 내 삶의 부_富라는 도로 위를 달리려면 일 전공, 체력, 심력(정신력, 의식), 재력, 지력을 어떤 질과 양, 가속도를 낼지 결정하고 행동해야 합니다.

우리 주변의 사람들을 봅시다. 하늘이 준 자신의 소질과 재능을 발견하고, 자신의 적성에 맞는 일과 직업을 찾기 위해 인간심리학적 이해에 관심 둔 적이 있는 사람도 있고 없는 사람도 있을 것입니다. "너 자신을 알라"라고 말한 소크라테스처럼 자신을 알기 위해 공부하는 사람이 있습니다. 다양한 설문조사를 통해 자신을 이해하고 알려고 노력하는 사람들도 있습니다.

지피지기면 백전불패라고 했습니다. 자기가 하는 일이 좋아서 신나고 즐겁고 행복하게 일하는 이도 있습니다. 반대로 나 자신을 모르면 힘들고 지쳐서 방황할 수밖에 없습니다. 우리 주변의 사람들 90% 이상이 자기 자신에 대한 이해가 부족하고 자기가 하는 일과 직업에 만족을 못하고 힘겹게 살아가고 있습니다. 무조건 돈이 아니라 자기 삶에 대한 애착을 가지고 자기를 알고 자기 삶을 사랑하는 '삶의 질' 시대를 느껴야 합니다.

여러분은 경제력을 위해 돈을 질적으로 잘 관리하고 운영하며 속도를 잘 내고 있습니까? 고정자산이 많은지, 유동자산이 많은지 파악하고 있습니까? 누구는 빚을 내서 고정자산에 묶어놓고 있고, 누구는 고정자산을 최소화하고 유동자산에 활용하고 있습니다. 고정자산과 유동자산을 내가 운용할 수 있는 최적 모델로 언제라도 바꿀 준비가 되어 있습니까? 일반차선에서 추월차선으로 갈아타기 위해 가속도를 낼 재무 설계는 세워져 있습니까?

건강을 위한 설계는 어떻습니까? 영양학적으로 질과 양이 균형 잡힌 식사를 규칙적으로 잘하고 있으며, 골격과 근육의 발달을 위해 운동을 규칙적으로 하고 있습니까? 가속도를 낼 수 있는 건강한 육체를 가지고 있습니까?

지력(전공 지식)을 높이기 위해 얼마나 질적으로 높고 많은 시간을 투자하여 공부를 하고 있습니까? 어떤 선생님을 만나 지식과 기술을 익히고 현대가 만든 최고의 도구들을 이용하여 가속도를 내어 자신이 전공하는 분야에서 얼마만큼 힘을 발휘하고 있습니까?

심력(정신력과 의식)을 높이기 위해 심적 독서와 정신 수련에 투자해서 가속도를 높이고 있습니까? 지나간 인생을 복기해서 다시금 정리할 필요가 있습니다.

삶의 큰 힘과 에너지를 발휘하기 위해서는 자신이 관심을 가지고 있는 분야에 어떤 가치 있는 질과 양의 질량을 대입하고 있으며, 그에 따라 어떤 차선에서 어느 정도의 가속도를 내고 있는지 매 순간 알고 있어야 합니다.

여러분은 인생길에서 어떤 인간관계를 하고, 자기 성장과 자기 계발을 위해 어떤 학습을 하며, 심적 성장과 의식 성장을 위해 어떤 수련을 하고, 삶의 질을 향상시키기 위해 어떤 문화생활과 취미생활을 하고, 이웃을 사랑하는 어떤 봉사를 하고 있습니까?

아직도 인도를 힘들게 걸어가고 있지는 않습니까? 아니면 대중교통과 지하철을 타고 변화 없는 삶을 살고 있습니까? 서행차선이나 일반차선으로 가고 있습니까? 아니면 행복한 부의 추월차선에서 속도를 내고 달리고 있습니까? F힘$=m$질량$\times a$가속도라는 이 공식에서 부자의 삶의 원리를 발견해서 삶에 대입해보기를 바랍니다.

✺ 진정한 삶의 부자로 갑니다

돈 많은 부자가 되었는데 아파서 내일 죽는다면 무슨 소용이 있을까요? 부자가 되었는데 무지해서 다른 사람에게 사기를 당하는 바람에 길거리에 나앉으면 얼마나 억울할까요. 그래서 좋은 먹을거리를 먹고 매일 건강한 체력을 유지하고, 내가 어디서 왔는지를 알고 명상과 마음공부를 통해 나의 마음의 의식을 높여서 삶의 질을 향상시키고 생각과 감정의 주인이 되어 나의 주권을 회복하고 사랑으로 생명살림으로 사는 것이 진정한 부자로 가는 길입니다.

내가 알고 있다는 생각에서 벗어나 무지를 발견하고 다시 모든 것을 출발점으로 되돌아가 결정하는 제로베이스의 상태에서 다시 배움을 통해 탁월함을 추구하며, 신이 주신 소질과 재능을 알아내고 내게 맞는 일과 직업을 선택하고 그 분야의 전공 독서를 통해서 전문 지식인이 되고 그 쓰임받는 대가에서 오는 물질의 안정을 통해 나와 내 주위 사람들을 풍요롭게 살리는 사람이 진정 자유로운 부자라고 생각합니다. 가끔은 여유 있게 문화생활을 누리며 배우고, 수련하며 봉사하고, 좋은 이웃으로 사는 균형을 이루었을 때 비로소 예술가로 누리며 살아가고 있다고 말할 수 있습니다.

그래서 전공(일과 직업)을 찾아 체력+심력+지력+재력을 통해 삶의 성취감과 자유와 행복이 꽃필 때 비로소 균형 잡힌 부자라고 생각합니다.

✵ 당신은 부의 나침반을 가졌습니까?

부자가 되고 싶다면 부자의 보물지도를 가져야 합니다.
보물지도의 보물을 찾으려면 방향을 알 수 있는 나침반이 있어야 합니다.

이것을 가능케 하는 것이 '부의 나침반'입니다

당신의 삶은 행복한 부자인가요?

당신의 삶은 원만하지 않고 불규칙적인가요?

무엇이 문제인가요?

어떤 방향이 부족한가요?

부자의 삶을 누리기 위해서 당신은 무엇을 어떻게 해야 할까요?

삶을 깊이 있게 들여다보고 풍요롭고 행복한 삶을 위해 어떤 방향을 키워야 할지 스스로에게 묻고 답을 찾아야 합니다. 부의 나침반을 들고 행복한 부자의 삶의 계획을 깊이 있게 생각해 봅시다.

여러분은 자신의 소질과 재능, 적성이 무엇인지 알고 있습니까?

어떤 일을 좋아하고 시작하게 되었는지 기억하십니까?

내가 하고 있는 일이 자신의 천직이라고 믿습니까?

만일 지금까지의 물음에 답할 수 없다면 여러분은 다시 자신의 일을 찾고 배우기 위해 새출발을 해야만 합니다.

소질과 재능 일과 적성은 모두 내 삶 안에 있습니다.

'부의 나침반'을 가지면 일과 자기계발에 깊은 관심이 생기고, 시간을 적절하게 배분해서 사용하게 됩니다. 일이 많아도 자기계발에 대한 의지를 꺾지 않고 즐겁게 배우며 지속해 나가게 됩니다. 일과 여가생활의 균형을 적절히 유지해, 쉽게 지치거나 무력감을 느끼지 않습니다. 왜냐하면 자기가 하고 싶고 즐거운 일을 하기 때문에 진정한 삶의 자유를 가지고 자기 삶을 불태울 수 있기 때문입니다.

건강한 체력을 관리하기 위해서 노력합니다.
'부의 나침반'을 가지면 건강의 소중함을 알게 됩니다. 현재의 건강상태를 정확히 알게 됩니다. 건강을 위해 어떤 부분을 보완하고 치료하며 어떤 노력을 해야 하는지도 알 수 있을 것입니다. 어떤 운동을 통해 체력을 개선해야 할지도 스스로 알 수 있을 것입니다. 또한 어떤 음식을 먹어야 건강에 도움이 될 것인가도 알게 됩니다. 그리고 지속적으로 체력에 영향을 미치는 생활 습관을 알고 수정하고 좋은 방향으로 고치려고 노력할 것입니다. 규칙적인 신체활동, 올바른 식생활 습관, 스트레스 해소, 각종 스포츠 활동, 심신의 안정을 위한 음악 감상이나 취미활동, 충분한 수면을 실천할 줄 알고 당신만의 건강관리 계획표를 만들 수 있게 됩니다.

심력을 높이면 스스로 묻고 답하며 자기 생각의 주인이 될 수 있습니다.

우리의 마음과 의식은 화평하거나 원만하지 않습니다. 매 순간 뒤틀리는 삶이 몰려옵니다. '부의 나침반'을 가지게 되면 이런 문제들을 해결할 수 있게 됩니다. 삶을 깊이 있게 들여다보고 풍요롭고 행복한 삶을 위해 마음 상태를 다잡을 수 있게 됩니다.

부의 나침반을 든 길라잡이인 나를 지켜보며 심력을 어떻게 키울지 스스로에게 묻고 답해서 좋은 계획을 세울 수 있게 됩니다.

마음의 용기, 도전, 평상심, 기쁨, 희망, 사랑, 감사의 삶을 살기 위해 배움과 수련을 행할 수 있게 됩니다. 적절한 여행이나 쉼을 통해 마음의 에너지를 재충전할 수 있으며 당신의 마음을 챙길 줄 알게 됩니다.

'부의 나침반'을 가지면 지력을 키워 지식 전문가가 될 수 있습니다.

부의 나침반을 든 나는 나의 지력을 키워 전문가가 되기 위해 공부를 더 하고 싶은 마음을 가지게 됩니다. 삶을 깊이 있게 들여다보고 풍요롭고 행복한 삶을 위해 당신의 지력을 어떻게 키워야 할지 계획을 세우게 되고 당신만의 권장 도서 목록을 분야별로 만들고 독서계획을 세울 수 있게 되어 행복한 부자로 가는 평생학습인이 됩니다.

'부의 나침반'을 가지면 재력을 키우기 우해서 무엇을 어떻게 해야 할지 알게 됩니다.

재력을 키위기 위해서 맨 처음 해야 할 일이 무엇인지 정확히 알게 됩니다. 경제력에 대한 구체적인 계획을 세울 수 있게 됩니다. 현재 자산이 얼마나 되는지 수입과 지출의 정확한 금액을 알게 됩니다. 한 달, 일 년의 예산을 계획하고 분배할 줄 알게 되며 저축통장을 구분하는 것도 가능해집니다. 미래의 재력을 예측하고, 사실의 토대 위에 헛된 꿈을 꾸지 않고 객관적으로 들여다보며 자족하는 삶 속에서 재력이 지속적으로 늘어나고 자라나는 즐거움을 누릴 수 있게 됩니다.

부의 나침반을 들고
삶을 찾아 떠납니다

마법의 도구로 알려졌던 나침반이 널리 보급되기 전, 뱃사람들은 오직 태양과 밤하늘의 별자리를 보며 추측에 의해 넓은 바다를 항해해야만 했습니다. 나침반은 배가 항해할 때, 육지에서 방향을 정할 때, 등산을 할 때 사용됩니다.

나침반은 자성을 띠는 광석을 이용해 만들었는데, 자석을 뜻하는 영어 'lodestone'은 원래 '길'이란 뜻을 가진 고대어로 '길을 가리켜주는 돌'로 해석할 수 있습니다. 동서남북과 중앙. 여러분은 부의 나침반이 어디를 가리키고 있는지, 또 어디를 향해 가야 할지 궁금하지 않습니까?

이제 나침반을 들고 부자가 되는 길을 찾아 떠나봅시다.

부의 나침반 중심中心
- 일과 직업職業 -

'가온'은 중심축입니다. 중심은 기둥입니다. 동서남북 네 기둥이 제아무리 높아도 중심이 없으면 부의 기운은 일어서질 않습니다. 체력과 심력, 지력과 재력의 네 기둥이 한 곳으로 올곧게 집중하면 소질과 적성의 씨앗을 발견하고 그 싹을 키워 꽃이 피고 행복한 부의 향기가 퍼지고 풍성한 열매를 맺어 나와 함께하는 이들과 나누며 풍성한 삶의 향기가 온 삶에 뿌려집니다.

신이 주신 소질과 재능을 통해 나의 일과 직업의 적성을 바탕으로 중심축에서 내 삶의 일과 직업의 싹을 틔우고 하늘을 향해 솟구치며 성장하십시오.

✳ 신이 주신 나의 씨앗 소질과 생명 욕구Desire, 재능을 찾아야 합니다

자연의 모든 것들에는 씨앗이 있고, 그 씨앗 안에는 생명 성장의 유전자 지도가 존재합니다. 이미 타고난 유전자에 의해 세포가 분화하고 성장합니다. 신에게서 부여받은 생명력이 분명히 있다는 것입니다. 그래서 그 유전자대로 성장하는 것이 가장 아름답습니다.

마찬가지로 하늘이 준 소질과 재능을 발견해서 내가 좋아하고 하고 싶은 일과 직업을 선택하는 것은 진정 자기다운 것입니다. 그 재능의 씨앗을 키워 성장하게 하고 자기답게 아름답게 키워가는 것입니다.

이 지구별은 모두 생명성을 가지고 있습니다. '광물성, 동물성, 식물성, 인간성'이 서로 협력하며 생존하고 있습니다. 인간성에는 생명을 유지하는 생명성이 있는데 그 안에는 신이 주신 힘과 생명력인 욕망desire이 있습니다.

Desire라는 글자의 속뜻은 신이 주신 본래의 씨앗, 유전자, 성질과 성격에 대한 욕구欲求 · 慾求, need와 욕망欲望, desire이 있다는 것입니다. 욕구라는 단어를 헬라어로 해석해보면 '카리스'입니다.

카리스는 '신이 주신 은혜'라는 뜻이고, 카리스마는 '신이 주신 은혜의 선물'이며, 카리스마타는 '신이 주신 재능'이라고 해석합니다. 그렇다면 신이 주신 은혜와 선물과 재능을 발현할 때 삶은 정말 멋질 것이고, 그런 사람을 볼 때 '카리스마' 있다고 표현할 것입니다.

인간의 육체적인 욕구는 식욕, 배설욕, 수면욕, 성욕으로 구분할 수 있고, 정신적인 욕구는 앎과 배움, 즉 알고 싶은 욕구, 깨달음의 욕구, 사랑의 욕구, 인정받고 싶은 욕구로 구분할 수 있습니다.

미국 점쟁이들의 필독서인 『콜드 리더』라는 책에서는 세상에 네 가지의 욕구가 존재하며 이것은 돈과 물질의 욕구, 사랑의 욕구, 건강에 대한 욕구, 존경과 명예에 대한 욕구라고 설명하고 있습니다. 점을 보러 오는 사람들은 이 네 가지 경우를 벗어날 수 없기 때문에 돈, 사랑, 건강, 명예 중 하나를 골라서 집으면 그들의 불안한 심리 상태를 맞힐 확률이 높다는 것입니다.

매슬로는 인간 욕구를 생리적 욕구, 안전의 욕구, 사회적 욕구, 존경 욕구, 자아실현 욕구 순으로 다섯 가지 체계로 설명하고 있습니다. 이렇게 인간은 여러 가지 욕구들이 존재하며 상호 작용해서 살아갑니다. 결국 먹고 사는 생리적인 욕구만으로는 행복한 삶을 살 수 없다는 것입니다. 인간으로 태어나 신이 주신 생명력, 그 욕구를 발견해 나답게 사는 것이야말로 그 무엇보다 중요한 자기 자신에 대한 큰 가치 발견이라고 할 수 있을 것입니다.

✳ 언제나 자기답게, 아름답게 삽시다!

자연의 모든 것은 다 아름답습니다. 신이 주신 생명력을 본연 그대로 발현시켜 드러내기 때문에 아름다운 것입니다. '아름'이라는 단어는 두 팔을 벌려서 가득 채운 단위입니다. 따라서 자기다움을 자기답게 가득 채워 드러낼 때 가장 아름다운 것입니다.

자연 속에 있는 소나무는 소나무로, 장미꽃은 장미꽃으로, 사슴은 사슴으로, 앵무새는 앵무새로, 물고기는 물고기로 자기다울 때 가장 아름답습니다. 인간도 신이 주신 본성, 생명력에 따른 소질과 재능, 적성에 맞는 은혜와 은사로 살고 자기다울 때 가장 아름다운 것입니다.

『소학』의 첫 부분으로 소학을 짓게 된 연유와 어린아이가 가장 기본적으로 힘써야 할 원칙 등을 제시하는 「소학 제사」에는 이런 구절이 나옵니다.

惟聖性者 浩浩其天 不加毫末 萬善足焉
(유성성자 호호기천 부가호말 만선족언)
오직 성스러운 품성은 넓고 넓은 하늘 같아서
터럭만큼이라도 더함이 없이 온갖 선에 만족한다.

여기서 말하는 선善은 하늘이 주신 성품, 생명력과 은사에 대한 씨앗의 욕구desire를 발견하고 지금 이 순간 자기다움에 최선을 다하는 것입니다.

窮理修身 斯學之大 明命赫然 罔有內外
(궁리수신 사학지대 명명혁연 망유내외)
자신을 수신하기 위해 이치를 궁리하는 것은
그 배움의 큰 것이니
운명의 밝음을 환히 밝혀 안과 밖이 없는 것이라

德崇業廣 乃復其初 昔非不足 今豈有餘
(덕숭업광 내복기초 석비부족 금기유여)
덕 높고 학업 넓으면 이에 처음 근원을 회복하니
전에 부족함이 없었으니 지금 어찌 남음이 있으리오.

우리는 신이 주신 생명력 속에 담겨 있는 소질과 재능을 발견해 자기의 본성이 희망하는 욕구와 하고 싶고 좋아하는 일을 최선最善으로 발현할 때 가장 행복하고 아름답습니다. 그 생명력에는 육체적인 욕구와 정신적인 욕구와 세상적인 욕구가 잘 조합되어 한 번밖에 없는 이 삶을 진정 가치 있고 의미 있는 균형 있는 부자로 행복하게 살 수 있는 이치와 원리가 숨겨져 있습니다. 여러분 모두이런 사실을 깨닫고 산다면 얼마나 행복하겠습니까?

✦ 나의 삶을 불태우지 못하면
길을 알아도 소용이 없습니다

열정passion은 라틴어로 '신에 의해 감동된 영혼의 힘'이라는 뜻을 가지고 있습니다. 우리 안에 있는 영혼의 힘은 뜨겁고 강합니다. 하지만 저절로 표출되지는 않습니다. 내적 동기가 있어야 합니다. 내 손으로 나의 삶을 위대한 작품으로 만들겠다는 열망과 내가 하고 있는 일이 나를 살리고 이웃을 살리고 나라를 살리며 인류 공헌에 이바지하는 공공선의 마음으로 잠재된 영혼의 힘을 힘껏 퍼 올려야만 합니다. 그래야 동서남북의 길을 열고, 부족한 부분을 갖추고 앞으로 나갈 수 있습니다. 뜨거운 간절함이 있어야 내 삶을 불태우고 내 주위를 밝히며, 내가 몸담은 조직의 발전을 위해 헌신할 수 있습니다.

passion의 라틴어 어원인 'patior'는 고통을 받다=suffer는 뜻을 함께 가지고 있습니다. 그 고통이란 결국 누군가를 살리고 감동받기 위한 과정의 헌신적인 고통입니다. 할 수 있다는 신념을 믿고 행하다 보면 믿음은 그토록 간절하게 바라던 모습에서 현실로 구체화되고, 꿈틀대고, 확장되어 성장합니다.

한편 욕망desire이라는 단어의 어원은 라틴어 'desiderare'인데 이 말은 '별이 사라진 것을 아쉬워하다'라는 뜻을 갖고 있습니다.

아주 먼 옛날 측정조차 불가능한 펄펄 끓는 마그마의 별에서 떨어져나간 부분의 물질들로 몸이 이루어졌기에 우리는 모두 뜨거운 별의 후손이며, 그 뜨거웠던 별의 아름다움을 아쉬워하다가 그것을 욕망하게 되었다는 것입니다. 그러니까 무엇을 욕망한다는 것은 사라진 별에 대한 그리움이요, 소유했거나 그 일부였으나 상실한 것에 대한 향수입니다.

우주에 존재하는 에너지로 있다가 지구별에 사람으로 왔기에 빛이 되려고 하고 별처럼 불태우고 싶은 당연한 그리움이 있고 그것이 바로 욕망으로 표출되는 것입니다. 그것은 어떤 목표를 향한 가슴 뛰는 에너지입니다. 분명한 사실은 우리가 진정으로 소망하면 성취 못 할 것이 없다는 것입니다.

이 욕망의 생명력은 하늘, 곧 우주이고 존재에서 주는 근본의 씨앗이고 생명력이고 에너지의 원천입니다. 그러므로 신이 주신 소질과 재능을 발견해 내가 간절히 원하고 이루고 싶은 욕망을 접촉하면 생명력이 나의 삶에 활력과 연결되어 작용하고 무엇이든지 할 수 있는 것입니다.

"내 안의 더 큰 나를 찾으라", "내 안에 숨은 거인을 깨우라"라는 말들을 책을 통해 보았거나 들었을 것입니다. 영성학자들은 신 또는 우주는 처음부터 지구별에 사람을 보낼 때 각자에게 신이 디자인한 욕망을 심어놓았지만 우리가 그 욕망을 잃어버리고 산다고 주장하고 있습니다. 영성학자가 아니라 심리학자도 "내가 무엇을 하고 싶은지, 무엇을 원하는지 가슴 안부를 물어보라!"고 말합니다.

빛 광光 자는 불 화火와 어진 사람 인儿 자가 합쳐져서 만들어진 글자입니다. 어진 마음으로 불태우는 것이 빛이고 해日처럼 사는 生 것이 별星이란 글자가 됩니다.

태양처럼 스스로 자신을 불태워 빛나는 별을 우리는 항성恒星이라고 부릅니다. 우리도 삶을 스스로 불태우는 항성이 되어야 합니다. 여러분은 아무런 빛도 없이 항성 주위를 돌고 있는 위성이었던 적은 없습니까? 자신의 삶을 '나답게' 불태우고 빛이 되고 있습니까? 한 번쯤 깊이 있게 생각해볼 일입니다. 만약 나의 삶을 뜨겁게 불태우지 못하면 내 맘속에 애만 태우게 됩니다.

✵ 진정한 '나'를 끄집어냅시다

인간으로서의 진정한 앎은 소크라테스의 말처럼 '나 자신을 아는' 것입니다. 나는 누구인가? 나는 어디에서 왔는가? 나에게 신이 주신 소질과 재능은 무엇인가? 나는 이 세상에서 어떤 삶을 살고 싶은가? 나는 신이 주신 소질과 재능을 어떤 삶의 작품으로 승화시킬 것인가? 끊임없는 자기 탐구와 자기계발이 필요합니다.

인간에게 자기 탐구, 즉 진정한 의미의 교육은 무엇일까요? 그 것은 인간이란 생명체가 본래부터 가지고 있는 힘으로, 이 세상이라는 환경을 통해 자발적이고 창조적으로 자기 발전을 추구하며 도모하는 것입니다. 그것은 후천적으로 성숙자인 부모나 선생님과 인생의 선배를 통해 계획된 목표와 방향에 따라 자기 학습을 하며, 어떤 목표나 방향의 가능성에 장애가 되는 것을 도전해 극복하고 창조하는 힘을 말합니다.

이 두 가지의 힘, 즉 안으로부터의 힘自力과 밖으로부터의 힘他力이 서로 작용함으로써 교육의 의미가 성립합니다. 이것은 인간이 내면적으로 지니고 있는 천성, 곧 타고난 소질과 성품을 보호하고 육성하는 과정을 뜻합니다.

교육을 뜻하는 단어는 education(영어), éducation(프랑스어), Erriehung(독일어), Paidagogen(그리스어)으로 불리는데 모두 '끄집어내다, 이끌어내다'라는 의미를 가지고 있습니다. 라틴어 educare에서 유래한 것으로, 'e'의 '밖으로'와 'ducare'의 '끌어낸다'가 합쳐진 합성어입니다. 교육은 인간이 가지고 있는 천성과 개성을 밖으로 끄집어낸다는 뜻이며, 또한 그 가능성을 바람직한 방향으로 최대한 끌어올린다는 의미를 가지고 있습니다.

동서양을 막론하고 교육은 내부의 자연적 성장의 힘과 외부 영향력의 힘이 합하여合力 성립되는 인간 형성의 작용을 말합니다. 타고난 인간을 바탕으로 참되고 가치 있는 인간을 이루려는 작용으로 인식하고 있습니다. 이런 참된 인간다움을 추구하는 것이 곧 후마니타스humanitas입니다.

진정한 인간다움이란 누구의 손을 통해서가 아니라, 오직 자신의 힘으로 예술적 작품으로 가꿀 때 빛나는 법입니다. 아름다운 삶은 부모님이나 다른 사람들의 조언과 힘으로 만들어지는 것이 아니라, 주도적이고 자발적인 학습과 창조성 위에 혼신을 다한 노력이 있을 때 꽃피는 것입니다.

우리 모두가 신이 주신 본능과 재능을 발견해서 이 세상에 쓰임 받기 위해 스스로를 끊임없이 다듬어가며 삶의 진리를 발견하는 것이 자기 삶을 사랑하는 첫걸음임을 명심해야 합니다.

우리 모두가 자신만의 소질과 재능을 발견하고 그 분야의 일과 직업을 통해 신나고 재미있고 의미 있는 새로운 삶의 희망 불꽃을 피우시길 간절히 기원합니다.

"진리를 알지니 진리가 너희를 자유케 하리라"는 말이 있습니다. 여기서 자유自由란 스스로 말미암는 것이며, 유由라는 상형문자는 등잔불을 의미하니 스스로의 삶을 불태우는 것입니다.

✸ 씨발정신과 심기혈정의 원리

우리가 흔히 쓰는 말 중에 '말이 씨가 된다'는 것이 있습니다. 씨가 발해야 싹이 나고 시련을 이겨내고 자라나 꽃이 피고 열매를 맺을 수 있다는 것입니다. '내 삶을 열심히 사는 정신력', 저는 이 말을 줄여서 "씨발정신마음씨가 발하는 정신을 줄인 말"이라고 주장하고 싶습니다.

또한 심기혈정心氣血精이라는 말이 있습니다. 마음이 동動하면 기운氣運이 가고, 그 기운에 따라 피血가 흐르고, 그래서 얼굴에 홍조가 정기精氣로 나타나게 된다는 뜻으로, 내가 가진 마음씨의 에너지가 내 몸과 마음의 의식과 내 꿈을 현실로 나타나게 하고 성장시킨다는 것입니다.

✺ 내 소질과 재능을 알기 위해
인성검사와 심리검사를 해봅시다

나의 체질과 체격, 성격과 성질, 기질과 재능, 내가 좋아하고 관심 있는 적성과 분야를 알기 위해서는 여러 심리검사를 해보는 것이 중요합니다.

예를 들면 체질과 골밀도 근육량을 알 수 있는 인바디 검사를 할 수 있습니다. 성격을 이해하려면 에니어그램, 주관적인 성격을 이해하려면 에고그램, TA교류분석을 검사하고, 소질과 재능, 지능이나 성질을 알려면 하워드 다중지능론, 기질을 이해하려면 히포크라테스 기질 테스트, 성향을 알려면 MBTI 검사, 각종 인성검사와 적성검사 등을 할 수 있습니다. 또한 나의 지능지수를 알기 위해 IQ 검사, 감성지수를 알기 위해서는 EQ, 사회적 적응지수나 영성지수를 이해하려면 SQ 검사 등 다양한 검사를 통해 자신을 많이 파악하고 이해하여 소질과 재능, 적성 등을 알면, 하고 싶고 관심 있고 좋아하는 일과 직업을 선택하는 데 많은 도움이 될 것입니다.

✸ 내 적성과 소질을 알고 일과 직업을 선택합시다

많은 사람들은 자기가 하고 싶은 일과 직업에 종사하며 살고 있을까요? 또한 자기 직업에 만족하고 있을까요?

살다 보니까, 배우지 못해서, 어쩔 수 없이 일과 직업을 선택했다면 정말 자신에게 무관심하다고 봅니다.

내가 좋아하는 분야와 상관없이 돈만을 벌기 위해서 직업을 선택하고 일을 하고 산다면 그 삶은 고통 중에 고통일 것입니다.

내가 하고 싶고 좋아하는 일을 하는 사람은 일하는 것이 즐겁습니다.

일은 억지로 하면 힘들어서 못 견디고 오래가지 못합니다.

일을 즐기는 사람, 하고 싶고 좋아하는 일을 하는 사람은 평생을 해도 아쉽고 더 배우고 싶어 합니다.

그래서 나의 소질과 재능에 맞게 내가 좋아하는 일과 직업을 꼭 찾아 진정한 삶의 자유를 누리십시오.

CHAPTER
04

부의 나침반
-체력體力-

"부자는 건강이 핵심적 영향을 미친다."

부자는 85%가 동의하고, 가난한 사람은 13%만 동의한다고 합니다. 아무리 능력이 뛰어나도 병원 침대에 누워서 돈을 벌 수는 없습니다. 아무리 돈 많은 부자라도 건강하지 못하다면 돈을 벌어본들 아무런 의미가 없습니다.

건강하다는 것은 아픈 날이 더 적다는 것을 의미하며, 더 많은 일을 통해 생산성과 더 많은 부를 얻을 수 있습니다.

성공하는 사람들은 바르게 먹고 운동하며 건강을 유지하기 위해 노력합니다. 잘 먹는 것은 매우 중요합니다. 정기적으로 운동하는 사람들은 일 처리를 하기 위해 더 많은 에너지를 가지고 있습니다.

건강의 소중함을 아는 사람은 돈의 소중함도 알고 있습니다. 그래서 부의 나침반의 동쪽 방향은 '체력'입니다.

60~75세 어르신들을 30명씩 모시고 수련원에서 4박 5일 정도 수련하면서 경험하고 배운 무릎을 '탁' 치는 깨달음 이야기입니다.

나름 여유가 있는 어르신 서른 분이 모이면 처음에는 어색해하며 눈치를 보다가 인사를 하기 시작합니다. 통성명을 하고 어느 지역과 동네에서 사는지 소개를 하면서 처음에 하는 자랑이 바로 돈 자랑입니다. "나는 어느 동네에 살고, 얼마짜리 집을 가지고 있으며, 벌어둔 돈이며 부동산이 얼마고, 현재에도 수익이 얼마고, 먹고 살 만큼 이렇게 돈을 가지고 있다"고 대놓고 자랑하면 상대적으로 돈 없는 분은 기가 죽고 자존심이 상해서 아무 말도 하지 않습니다.

시간이 조금 지나면 지식과 학력을 자랑하는 분들이 나오기 시작합니다. "나는 무슨 공부를 얼마만큼 했고, 그래서 어떤 일을 했으며, 지금도 어떤 일을 하고 있다"고 자랑합니다. 이렇게 되면 학력 지식이 상대적으로 약한 분들이 또 자존심이 상하고 기가 죽어서 아무 말도 하지 않습니다.

그다음이 자식 자랑입니다. "내 자식의 직업은 무엇이며, 얼마나 잘 키웠고 어디서 어떻게 살고 있고, 무슨 일을 하며 대한민국에서는 대단한 전문가"라고 말합니다. 이렇게 자랑을 다 하고서 더 이상 자랑할 것이 없는 상태로 밋밋하게 이틀 정도 지나면 즐겁고 재미있는 분들이 리드하기 시작합니다. 그렇게 친해지다 보면 결국 건강이 제일 중요하고, 건강한 체력을 가지신 어르신이 최고의 인기를 누리십니다. 그런 분들끼리 손잡고 다니고 좋게 보이려고 화장도 하고 더 가까운 친구가 되며 친해집니다.

인생을 살 만큼 사신 분들의 이야기를 정리해보면 결국 체력이 제일이고, 재미있고 즐겁게 살며, 자기 전공과 평생 직업이 있고, 평생 배우며 사는 것이 행복하다는 것입니다. 돈 자랑, 자식 자랑 다 필요 없고 즐겁게 살며 건강하게 사는 것이 최고라고 한결같이 말하십니다.

✸ 결국은 몸 건강이 최고입니다

책이나 강의에서 '지덕체'(지력, 심력, 체력)라는 말이 자주 사용됩니다. 물론 좋은 의미인데 나는 순서가 바뀌어야 한다고 생각합니다. 봄·여름·가을·겨울도 순서가 있듯이, 체덕지體德知 체력, 심력, 지력의 순서가 더 순리에 맞는다고 생각합니다. "닭이 먼저냐 계란이 먼저냐"라고 누가 묻는다면 나는 닭이 먼저라고 대답합니다. 닭 없이 어떻게 계란이 나오고, 닭 없이 어떻게 계란을 품어 닭으로 만들 수 있을까요? 저는 몸 그릇 없는 마음은 있을 수 없다고 생각합니다. 그래서 몸이 먼저입니다. 몸이 있어야 몸이 경험한 기억을 뇌에 담을 수 있기 때문입니다.

몸의 건강은 마음에 달려 있습니다. 좋은 마음은 좋은 몸을 만들고 건강한 사람을 만드는 것입니다. 몸과 마음은 떨어질 수 없는 하나입니다. 몸과 마음이 혼연일체가 되어야 합니다. 몸과 마음이 좋다는 것은 건강健剛하다는 것입니다. 건健이란 글자는 몸이 튼튼해야 하고, 강剛이란 글자는 마음이 굳세야 합니다.

그러나 몸과 마음이 따로 놀아서 자기 몸을 함부로 대해 건강을 해치는 사람이 있습니다. 내가 나를 해치는 격입니다. 이 세상에서 내가 나를 보호해주고 사랑해주지 않는다면 누가 나를 사랑해준다는 말입니까?

자신의 믿음대로 행한 만큼 결과가 나옵니다. 바로 인과응보因果應報입니다. 몸 건강을 잃으면 지력과 심력과 재력이 아무런 의미가 없습니다. 몸을 조정할 수 없는 사람은 정신과 마음도 관리할 수 없습니다. 정신적인 부분만 강조하고 혹사하면 몸도 서서히 망가집니다. 그래서 몸 건강이 가장 먼저입니다.

✸ 건강을 잃으면 모든 것을 잃습니다

부자가 성공에 관한 특강을 하러 강연장으로 갔습니다. 사람들은 부자의 강의를 듣기 위해 귀를 기울이고 있었습니다. 등장하자

마자 부자 강사는 칠판에 '1,000억'이라고 힘주어 씁니다. 그리고 강의를 시작하며 "이것이 저의 전 재산입니다"라고 말합니다. 사람들은 부럽다는 듯 "와 ~" 하고 소리를 칩니다.

"부럽습니까?"라는 말을 시작으로 부자는 이런 부를 어떻게 거두었는지 말하기 시작합니다.

"먼저 1,000억의 첫 번째 '0'은 저의 '꿈'입니다. 두 번째 '0'은 저의 '믿음'입니다. 세 번째 '0'은 저의 '실천'입니다. 그리고 맨 앞의 숫자 '1'은 저의 '건강'입니다. 만일 1을 지우면 1,000억은 0원이 되겠죠?

여러분! 인생에서 아무리 돈을 많이 가졌어도 건강을 잃으면 0입니다. 그러니 첫 번째로 건강을 챙기세요!"

사람들은 박수를 쳤지만, 크게 감동받은 기색은 아닙니다. 사실 마음에 와 닿지는 않습니다. 돈 버는 방법, 어떤 노하우가 있을 거라는 기대에 부풀어 왔기 때문입니다. 그리고 아직은 건강하기 때문입니다.

소중한 것은 잃어버려야 비로소 절실하게 느껴지고 보입니다. 아파서 돈을 뭉텅이로 지출하고, 매일 밤 고통받는 상황이 되어야만 비로소 건강의 소중함을 뼈저리게 절감합니다.

너무나 당연한 말이지만, 건강은 건강할 때 소중함을 깨달아야 합니다. 병상에 누워서 다시는 일어나지 못할 정도가 되어서 천 번, 만 번 깨달아도 이미 늦습니다. 건강을 잃은 후에야 돈은 얼마가 들어도 좋으니 제발 살려만 달라고 애원하는 것만큼 허무한 일도 없습니다. 그래서 건강을 잃으면 모든 것을 잃는 것입니다.

✱ 무언가를 적게 하고 많이 해봅니다

건강을 망치는 가장 빠른 방법은 하라는 것을 안 하고, 하지 말라는 것을 하는 것입니다. 이 말은 건강을 위해서 하라는 것을 하기가 그만큼 어렵다는 것입니다. 부의 나침반에 당당히 체력이 첫 번째로 들어가는 것은 돈을 버는 것만큼 어려운 일이 건강을 지키는 일이기 때문입니다. 비만이면 돈 들어가고, 아프면 돈 들어갑니다. 오장육부, 뼈마디, 근육, 눈, 코, 입, 귀, 치아까지 아프겠다고 하면 버는 족족 돈이 들어갑니다. 고통도 뒤따릅니다. 그러니 건강이 우선입니다. 반대로 생각하면 건강을 챙기는 것이 가장 쉽게 부자에 이르는 길입니다. 건강을 지키는 가장 기초적인 것을 해봅시다.

- 기름진 것을 적게 먹고 채소를 많이 먹습니다.
- 소금을 적게 먹고 물을 많이 먹습니다.
- 설탕을 적게 먹고 과일을 많이 먹습니다.
- 음식을 적게 먹고 많이 씹어 먹습니다.

- 고민은 적게 하고 적당한 수면을 취합니다.
- 화를 적게 내고 항상 웃고 지냅니다.
- 옷을 얇게 입고 목욕을 자주 합니다.
- 자동차를 적게 타고 많이 걸어 다닙니다.

✦ 고맙고 위대한 나의 몸, 자신自身을 사랑합시다

알베르트 슈바이처 박사는 히포크라테스 이래로 의사들이 철저히 숨겨온 비밀 중 가장 큰 비밀은 바로 세상에서 가장 뛰어난 의사가 바로 '자신'이라는 사실이라고 농담 삼아 말했습니다. 내 몸을 소중하게 여기고 내가 잘 관리하는 것이 바로 내 몸의 주인공이고 의사라는 것입니다.

우리 몸은 알면 알수록 신비롭고 값어치가 있습니다. 심장은 매일 103,000번 정도 뜁니다. 좌심실에서는 1분에 약 5 *l*, 1시간에 300 *l*, 하루에 8,000 *l* 의 혈액을 방출합니다. 또한 몸무게의 8%에 달하는 피는 10만 km가 넘는 혈관을 1천 회 이상 순환합니다. 우리는 매일 23,000번 정도의 숨을 쉬고, 750개의 근육을 빠르게 혹은 천천히 움직입니다. 이렇게 대단한 작업들을 매일 아무렇지도 않게 해내고 있습니다. 그리고 살면서 심장은 단 한 번도 쉬지 않고 뜁니다. 정말 대단한 엔진입니다. 살아 있는 동안 쉬지 않고 움직여주는 심장과 장기들. 우리 몸에 고맙고 감사해야 하지 않을까요?

무수히 많은 수련 중에서 제 몸을 알아차리고 감사하는 수련을 한 적이 있었습니다. 머리에서 발끝까지 다 알아차리면서 고마워했는데, 어느 날 선잠을 자면서 꿈속에서 내 손과 대화를 했습니다. 꿈에서였지만 지금까지 살아준 내 손과 손가락에게 더욱 큰 고마움이 느껴져서 자다가 말고 깨어서 손을 쳐다보면서 지금까지 내가 하자는 대로 다 하고 온갖 더러운 것까지 만지고, 그 어떤 일도 감내하고 내 뜻을 따라준 손에게 참 감사하다고 어루만지며 고백한 적도 있습니다.

하루는 강원도로 휴가를 가서 일출을 보는데 너무도 아름다워서 호텔 방에서 옷을 다 벗고 내 몸들에게 동해에서 떠오르는 햇빛을 보여준 적도 있고요. 밤 산행을 하는데 산 정상에서 바라본 달빛과 별빛이 너무도 아름다워서 옷을 벗고 단 한 번도 별빛과 달빛을 보지 못한 똥구멍에게까지 밤하늘의 아름다운 별빛을 보여준 적도 있습니다. 내 몸의 머리, 눈썹, 눈, 코, 입, 귀, 피부들, 팔, 손, 다리, 앞과 뒤의 모든 부분이 이렇게 함께하고 있음이 얼마나 고마운지 느끼고 또 알아차려봅니다.

✣ 물 한 잔도 건강하게 마십니다

우리 몸의 70% 이상은 수분입니다. 여기서 1~2%만 부족해도 심한 갈증과 통증을 느끼게 되고, 5% 이상 빠져나가면 혼수상태에 빠질 수도 있습니다. 그만큼 물은 우리 몸에서 매우 중요합니다. 그러니 물만 잘 마셔도 신진대사가 활발해지고 면역력이 높아져 질병을 예방하고 스트레스도 해소할 수 있습니다.

- 하루에 평균 1.5~2L의 물을 나누어 마시는 것이 건강에 좋습니다.
- 한꺼번에 마시는 것보다는 하루에 7~8차례 나눠서 마시는 것이 신진대사를 활발하게 해줍니다.
- 물은 한 번에 들이키지 말고 한 모금씩 천천히 마십니다.
- 아침에 일어나자마자 빈속에 상온이나 따뜻한 물을 1~2잔 마십니다.
- 찬물을 마시면 내 몸이 온도를 높여야 하므로 가능하면 상온이나 따뜻한 물을 마십니다.
- 운동하기 30분 전에 물을 마십니다.
- 식사 1시간 전에 물을 마십니다.
- 취침 1~2시간 전에 물 한 잔을 마시면 신진대사를 활발하게 하여 온종일 산성화된 몸을 알칼리성으로 바꿔주고 노폐물이

원활하게 배출됩니다.

- 잠들기 직전에 물을 마시면 숙면에 방해될 수 있습니다. 물도 음식물처럼 소화될 시간이 필요합니다.

✸ 감언보다 좋은 것은 감생甘生입니다

감언甘言, 꿀처럼 달콤한 말을 뜻합니다. 세상에는 여러 가지 맛이 있습니다. 대표적으로 다섯 가지 맛이 있는데 오미五味라고 합니다. 한자로는 신辛 : 맵다 · 산酸 : 시다 · 함鹹 : 짜다 · 고苦 : 쓰다 · 감甘 : 달다 자를 씁니다. 이 중에서 가장 먹기 좋은 것은 역시 단맛이 나는 음식입니다. 그런데 왜 다섯 가지 맛 중에 단맛을 맨 나중에 놓았을까요? 단것은 먹을 때는 좋지만, 많이 먹으면 건강을 해치기 때문입니다. 당장 단 음식을 많이 먹으면 치아가 썩어 충치가 생깁니다. 몸이 뚱뚱해지고 위장 장애가 일어나기도 합니다.

감甘이란 글자는 입안에 맛있는 무언가를 물고 있는 모습을 표현한 것입니다. 당장 듣기에 달콤한 말이 인생을 망치듯, 단맛은 건강을 썩게 합니다. 달콤한 인생을 살고 싶다면, 반대로 달콤한 맛을 멀리해야 합니다.

✳ 건강과 관련이 있는 '가능하면'의 법칙을 소개합니다

'가능하면'이란 할 수 있거나 될 수 있다는 말입니다. 그러니 하기만 하면 되지만, 피하면 불가능한 것이 됩니다. 건강은 가능한 것들을 모아서 만들어지는 나의 미래 에너지이며, 부의 원동력입니다.

• 가능하면 아침 식사는 규칙적으로 한다.

아침과 저녁은 식사의 양과 내용이 같더라도 아침 식사는 에너지를 소모하는 방향으로, 저녁 식사는 에너지를 저장하는 방향으로 갑니다.

• 가능하면 적당히 배가 부르면 그만 먹는다.

배불리 먹게 된다는 말은 열량 과잉을 의미합니다. 빨리 먹지 마십시오. 뇌의 포만중추에서 배부름을 느끼는 데는 20분 정도가 걸리는데 그 전에 닥치는 대로 입에 넣으면 나중에 배가 터지는 기분이 들 것입니다. 천천히 먹다 보면 생각보다 덜 먹어도 배가 부른 것을 느낍니다.

• 가능하면 야식을 먹지 않는다.

저녁 식사 후에는 활동량이 적기 때문에 이때 섭취한 에너지는 몸안에 지방으로 저장됩니다.

• 가능하면 군것질하지 않는다.

대부분 군것질거리는 열량이 높습니다. 밥 1공기 열량이

300kcal인데, 과자 한 봉지가 800kcal입니다.

- 가능하면 채소나 나물을 자주 먹는다.

채소와 나물은 열량이 적고 비타민, 무기질, 식이섬유소가 많습
니다. 포만감을 주고 변비를 예방합니다.

- 가능하면 패스트푸드를 적게 먹는다.

대부분 고열량 음식이고 인공첨가물과 포화지방의 함량이 높아
건강에 이롭지 않습니다.

- 가능하면 청량음료를 적게 마신다.

콜라나 청량음료는 열량이 높고, 당분의 함량이 많아 갈증 해소
에 도움이 되지 않습니다. 대신 물이나 녹차를 마십니다.

✸ 지금보다 조금만 덜 먹는다면 어떨까요?

현대인이 가진 질병은 못 먹어서 생기는 것이 아니라 너무 많이
먹어서 생기는 것이 대부분입니다. '암癌'이라는 한자를 보면 '입
구口'가 세 개나 있습니다. 암은 건강한 세포까지 잡아먹는 폭식성
돌연변이 세포입니다. 단 음식, 기름진 음식, 배가 아플 정도로 먹
는 음식에서 벗어나 천천히, 조금 덜 먹는다면 어떨까요? 전문가
들은 배고플 때 나는 꼬르륵 소리가 최고의 건강 비결이라는 말까
지 합니다. 그렇게까지는 못해도 조금 천천히, 덜 먹는 연습을 하

십시오.

살이 찌는데도 탄수화물과 지방이 많은 음식을 먹는 것은 자신을 학대하는 일입니다. 현대인들은 노동을 덜 하기 때문에 탄수화물을 적게 먹는 것이 건강에 좋습니다. 그래서 저는 밥을 반 공기만 먹습니다. 밥을 줄이고 채소를 늘리고 반찬을 싱겁게 먹으면 살이 찔 이유가 없습니다. 건강에 관한 한 음식을 먹는 것은 더하고 또 더하면 결국 마이너스가 됩니다. 반대로 더하기와 빼기를 적절하게 조절할 때 몸은 플러스의 상태가 됩니다.

✳ 맛있게 먹는 밥이 건강으로 갑니다

"먹을 것 앞에 두고 잔소리하거나 싸우지 마라!"라는 말이 있습니다. 먹을 것이 귀하던 시절에는 음식 투정을 하거나 화를 내면서 식탁에 앉는다는 것은 상상도 할 수 없는 일이었습니다. 현대인은 풍족한 까닭에 음식 귀한 줄 모릅니다. 불행한 일입니다. 내 몸이 되려고 온 우주가 함께 협력하여 먼 곳에서부터 성장해서 많은 이들의 정성과 땀을 들여 만든 음식들에 감사하면서 맞이하는 것이 건강을 만드는 에너지의 원천인데 말입니다.

지금도 변하지 않는 음식 관련 규칙은 '식탁 앞에서는 절대 화를 내지 않는다'입니다. 아무리 몸에 좋은 음식도 화를 내면서 먹으면 소화가 안 되거나 체하기 쉽습니다. 식사 중에 신문이나 TV를 보는 것도 마찬가지로 나쁩니다. 음식은 한 번에 20~30회 씹어 삼키고, 식사가 끝나자마자 바로 일을 시작하면 위장에 자극을 주게 되니 약간의 시간을 두고 걷거나 휴식을 취하는 것이 좋습니다. 단, 낮잠은 피합니다. 많은 사람들은 아주 특별한 건강법이나 대단한 효험을 보는 보약이 있을 것으로 생각합니다. 그러나 대부분의 병은 일상생활에서 아무런 생각 없이 하는 작은 나쁜 습관에서 생기고, 대부분의 건강은 일생 동안 행하는 작지만 좋은 습관에서 얻어집니다. 약식동원藥食同原 내가 먹는 것이 몸이 되고 약이 되고 건강이 됩니다.

감사感謝한 마음으로 '진지眞知' 알아차리기를 해봅니다

밥을 먹을 때마다 배가 고파서 채우기 위해 허겁지겁 먹는 것이 아니라, 먼 곳에서 내가 되기까지 다가온 귀한 음식과 이 음식이 나에게 오게 해주시는 신의 은혜에 감사하며 음식을 맞이해봅시다.

저는 식사를 하기 전에 이런 마음으로 기도를 하고 밥을 맞이합니다.

"온 우주가 협력하여 이 지구별의 모든 생명을 존재케 하시는 신이시여! 신의 사랑으로 이 귀한 음식들과 관계할 수 있도록 베푸신 은혜 감사합니다.

한 방울의 물에도 천지의 은혜가 스며 있고, 한 톨의 곡식에도 만인의 땀과 정성이 깃들어 있습니다. 이 음식들이 자기를 희생하여 생명살림의 관계를 하듯이 저도 이 음식 먹고 밝은 마음 바른 행동으로 빛과 소금처럼 생명을 살리는 생명살림의 삶을 살겠습니다.

이 음식이 식탁에 오기까지 수고해주시고 베푸신 사랑과 정성에 감사드리고, 이리 협력하여 선을 베푸시는 신의 크신 사랑과 은혜에 감사와 영광을 드리오며 이 진지를 감사히 잘 맞이하겠습니다.

고맙습니다."

✖ 숨쉬기 운동이라도 제대로 합니다

길을 다니다 보면 입을 벌리고 다니는 사람들이 생각보다 많습니다. 될 수 있으면 입으로 숨 쉬지 마세요. 입으로 숨을 쉬면 입안의 점막이 건조해지고 감염 위험도 높아집니다. 항상 코로 숨을 쉬십시오. 다만 달리기, 자전거 등 격렬한 운동을 한 다음에는 숨을 제대로 쉬지 않으면 근육에 산소의 공급이 부족해지니 크게 숨을 쉬고, 심장 박동이 정상으로 돌아오면 다시 코로 숨을 쉬세요.

깊게 숨을 쉬려면 먼저 숨을 길게 내쉬세요.

많이 비운 만큼 저절로 많은 숨이 들어갑니다.

아기 때는 단전호흡을 하다가, 그다음에는 배로 숨을 쉬다가, 청년이 되면 가슴으로 숨을 쉬고, 나이가 들수록 목으로 얕은 숨을 쉬고 삽니다. 다시 깊은 숨을 쉬는 습관을 들여 보세요.

가슴으로 숨을 쉬는 것을 흉식호흡이라고 합니다. 허파가 가슴에 붙어 있기 때문에 적당하게 보일 수도 있습니다. 그러나 실제로는 배로 숨을 쉬는 복식호흡을 배우고 나면 그 차이를 금방 알게 됩니다. 배로 숨을 쉬면 훨씬 더 많은 독소들을 몸 밖으로 배출할 수 있습니다. 코로 공기를 들이마시고 내쉴 때마다 배가 올라갔다 내려갔다 하는 것을 느끼며 조금 길게 호흡해보세요. 공기 중에는 질소가 80% 정도 되고 산소는 15~17% 정도밖에 안 됩니다. 신체에 좋은 산소를 많이 마시기 위해서는 호흡을 길고 깊게 내쉬고 들이마시는 것이 유용합니다.

✺ 쉬는 것이 자신을 사랑하는 능력입니다

일을 잘하는 것을 능력이라고 합니다. 하지만 자신을 사랑하는 만큼 자신에게 중요한 선물이 쉬는 것입니다. 뜨거운 여름, 에어

컨도 하루 종일 가동하면 고장나고 맙니다. 무엇이든 그칠 줄 모르면 문제가 생깁니다.

쉬지 않고 일만 하면 결국 몸을 망칩니다. 나를 위해서는 일할 때 일했다면 쉴 때 쉬어야 합니다. 자신에게 휴식을 선물하십시오.

진짜 휴식은 쉴 휴休, 즉 산이나 숲속의 나무와 함께하는 것이 쉬는 것입니다. 나무가 많은 산속에서 피톤치드의 산들바람을 많이 만나보십시오. 깨끗한 공기가 많은 곳에서 산소를 많이 들이마십시오. 도시에 있는 분들은 가끔씩 도시를 떠나 산으로 가서 맑은 공기를 만나보세요.

✤ 간이 배 밖에 나오게 살면 안 됩니다

우리 몸에서 뼈나 근육을 제외하면 가장 무거운 기관이 간입니다. 성인은 1.5kg 정도입니다. 위와 장에서 흡수된 영양분을 잔뜩 실은 정맥혈이 간을 통과하면 인체의 화학 공장인 간에서는 영양분과 각종 물질을 가공하고 저장하고 또 온몸으로 보냅니다.

간은 콜레스테롤을 비롯한 지방을 만들기도 하고, 에너지가 부족하면 지방이나 단백질을 재료로 당분을 만들기도 합니다. 그뿐만 아니라 음식물과 함께 들어온 각종 독소를 해독합니다. 2,000

억 개에 이르는 간세포는 우리 생명과 건강을 지키는 대규모 농업 단지이면서 동시에 종합화학단지입니다.

현대인은 간을 위협하는 각종 물질에 노출되어 있습니다. 대표적인 것이 술입니다. 그리고 비만입니다. 특히 복부비만이 문제입니다. 복부에 축적되는 지방의 상당량은 간에도 축적됩니다. 간 기능이 떨어지고 지방에서 만들어지는 지방산이 계속 간을 자극해서 간을 과로사하게 만듭니다. 여기에 술까지 독소로 작용하면 간이 배 밖으로 나오고 건강을 잃게 됩니다. 간 건강을 잘 지키면 면역 능력이 증대되고 피로도 줄일 수 있습니다.

✺ 술은 '선과 악' 두 개의 얼굴을 갖고 있습니다

정도를 넘어서는 음주는 알코올 중독, 알코올성 간염, 간경화, 췌장염, 위장관 출혈, 간암, 위암, 식도암은 물론 치매와 같은 온갖 병을 일으킵니다. 그뿐만 아니라 술은 사회적 활동에 지장을 주기도 합니다. 주변에서 혹은 방송과 신문에서 술 때문에 곤란해진 경우를 얼마나 자주 보았습니까. 아무리 잘난 사람도 술 한 번에 인생이 망가집니다.

술 많이 마신 다음 날 술을 깨는 방법을 찾는 사람이 많습니다. 숙취에서 벗어나는 약을 발명했다면, 아마도 그 제약회사는 지금

빌 게이츠보다 더 부자가 되었을 것입니다. 동시에 지금보다 훨씬 더 많은 사람들이 알코올 중독자가 되었을 것입니다. 술을 마실 때 안주를 많이 먹거나 술을 천천히 마시면 괜찮다고 하지만, 실제 술에는 장사가 없습니다.

건강을 해치지 않는 선에서 적당히 마시는 것이 현명합니다. 분위기에 치우쳐 자기 몸을 혹사시킨 다음 날 왜 내가 돈 주고 사서 고생하는지 반성하게 됩니다. 이제 그렇게 반복되는 후회는 그만하고 소중한 몸을 아끼십시오.

✵ 중독은 중독되기 전에 그만두어야 합니다

술, 담배, 노름 등 나쁜 것에 빠져들면 헤어나기 힘듭니다. 그래서 그 전에 그만두어야 합니다. 반대로 말해 그만두기 힘들기 때문에 중독입니다. 이런 것들은 일시적인 호기심에서 시작하지만 중독되어 빠져나오지 못하게 될 정도까지 가야 잘못되었다고 느낍니다. 그런데 후회할 때는 이미 늦어서, 벗어나려면 많은 시간과 희생이 따릅니다. 뇌가 이미 이런 중독에 흠뻑 젖어들었기 때문입니다. 계속적으로 중독 물질이 공급되지 않으면 불안하고 과격해지는 금단 증상을 일으킵니다. 이렇게 위험한 것을 알면서도 사람들은 쉽고 한 방에 편하게 얻을 수 있는 자극제가 존재하기에 끌리는 것입니다. 마치 불나방과 같습니다. 중독에서 벗어나는 가장 좋은 방법은 중독보다 더 좋은 일을 찾는 것입니다. 더 보람을 느끼고, 가슴이 뛰고, 더 자랑스러운 일을 찾으십시오. 대표적인 것이 운동과 배움과 사랑과 봉사입니다.

✸ 아프면 게으른 겁니다, 건강도 노력입니다

아무리 좋은 구슬도 실과 바늘이 없으면 목걸이로 만들지 못합니다. 아무리 훌륭하고 현실적인 계획이라도 건강하지 못한 몸으로는 성공까지 갈 수 없습니다. 건강을 잃으면 성공을 누리지 못할 뿐만 아니라 성공의 근처에도 갈 수 없습니다. 당신이 골골댄다면 어떤 계획이 제대로 이루어질 수 있겠습니까. 당신이 늘 피곤해 있다면 어떤 일들이 열정적으로 가능하겠습니까. 몸이 아프면 사람은 반드시 무기력해지고 게을러집니다. 그리고 질병이 오래가면 매사에 회의가 생기고 사람을 의심하는 마음까지 생깁니다. 신념은 약해져서 변덕이 죽 끓듯 하고 잘못된 결정도 마구 내립니다.

마음의 비위가 상하면, 정말 몸의 비장과 위장이 나빠집니다.

이 모든 엉망진창의 출발이 무엇입니까? 몸이 건강하고 가벼워야 인생이 풍요로워집니다. 돈이 없어도 건강하다면, 돈이 많아도 약한 사람보다는 백 배 천 배 더 훌륭하게 될 밑천을 가진 것입니다. 그것만으로도 벌써 진정한 부자입니다. 그리고 이렇게 값진 건강을 지속적으로 관리하는 운동과 섭생이 중요합니다.

✵ 운동은 매일매일 '저축해야' 하는 것입니다

세상에서 제일 하기 좋은 핑계의 출발 시간은 '내일부터'입니다. 내일부터라면 지구도 한 바퀴 돌 수 있고, 내일부터라면 살을 1~2kg 빼는 것은 일도 아닙니다.

하루 일이 끝나면 피곤해서 쉬고 싶은 마음뿐일 겁니다. 그러나 오늘 지금 이 순간에 할 수 있어야 진짜 운동입니다. 건강을 유지하기 위해서는 생활 속에서 시간을 쪼개 실천해야 합니다.

많은 사람이 바쁜 일상에 지쳐 하루에 1시간도 운동하며 보내기 어렵다고 말합니다. 하루 24시간이 모자라서 할 수 없는 첫 번째 희생양이 운동이 되어서는 곤란합니다. 하루 24시간이 모자라도 처음으로 하는 것이 운동이어야 합니다. '내일부터'라는 편한 말만 하지 말고 '지금부터'라도 하루에 커피 한 잔 마시는 시간을 아껴 운동하는 건 어떨까요?

운동할 시간이 없으면 TV를 볼 때도 그냥 보지 말고 기마 자세를 취하고 버티거나, 앉았다가 일어서기를 반복하거나, 누워서 다리를 들어 올리거나, 윗몸 일으키기를 하거나, 몸을 좌우로 굴리고 스트레칭이라도 하시기 바랍니다.

또한 운동할 시간이 나면 집 주변을 산책하거나 주말에 등산을 하거나 걸어보십시오. 자전거도 타보고 헬스클럽에 가서 다양한 운동을 해서 근력과 유연성을 기르십시오.

매일 운동하는 것은 자신을 매일 사랑하는 것이고, 돈만 저축하는 것이 아니라 근육과 골밀도, 호흡 기관까지 몽땅 담아서 몸 건강을 저축하는 것입니다. 운동이야말로 최고의 이자 수익을 보장하는 저축입니다. 아무리 좋은 밭도 그냥 놔두면 무성한 잡초 밭이 되고 맙니다. 매일매일 잡초를 뽑듯이 운동으로 자신에게 건강을 저축하는 선물을 해보십시오!

✺ 근육은 또 하나의 장기입니다

근육이 많다는 것은 기초대사량이 좋다는 것입니다. 나이가 들수록 근육량이 줄어들어 점점 무기력하게 늙어가는 모습을 흔하게 볼 수 있습니다. 나이가 들수록 근육을 유지하는 운동을 해야 합니다. 근육량이 늘면 기초대사량이 좋고 혈관이 좋아져서 혈액 순환이 잘되고 활동성도 높아집니다. 운동을 하지 않아 근육량이 적으면 점점 무기력해지고 활동력이 줄어듭니다. 꾸준한 운동을 통해 평균 이상의 근육량을 유지하는 사람은 활동력이 많아지고 더 건강한 삶을 유지할 수 있습니다. 더 건강하기에 긍정적으로 움직이고 일하고 부를 창출해냅니다. 근육의 힘이 있어야 남자든 여자든 삶에 힘이 샘솟습니다.

✳ 많이 움직이는 것이 건강의 기본입니다

눈앞에 의자가 있으면 일단 앉고 보는 것이 사람의 습관이고 마음입니다. 그런데 계속 앉아만 있으면 몸이 퍼지고 게을러집니다. 그래서 '다이어트의 시작은 적게 먹는 것이지만, 다이어트의 완성은 많이 움직이는 것이다'라는 유명한 다이어트 격언이 있는지도 모릅니다. 힘들게 뺀 체중을 건강하게 오래 유지하기 위해서는 몸을 편하게 할 생각을 하면 안 됩니다. 몸을 움직여주는 운동이 반드시 따라야 합니다. 사무실에서도 오래 앉아서 일해야 한다면 중간에 스트레칭을 해주고, 잠깐이라도 일어나 움직이십시오. 심신은 매우 밀접하게 연결되어 있습니다. 신체적으로 좋은 상태를 유지하는 것은 정신적으로도 바람직한 일입니다.

✸ 내 몸을 늘 살펴야 합니다

주식 투자자 중에는 하루에 5시간 이상 주식 시세를 들여다보는 분들도 있습니다. 그만큼 하루하루 돈을 버는 것은 중요합니다. 그런데 그보다 더 중요한 것이 자기 몸을 들여다보는 것입니다.

당장 얼굴의 혈색만 보아도 건강의 이상을 알 수 있습니다. 얼굴이 창백하거나 하얗다면 폐肺에 이상이 있는지 점검해야 합니다. 혈색이 지나치게 붉다면 심장의 이상을, 노란색을 띤다면 위胃의 이상을 염려해보아야 합니다.

눈에 황달이 생기면 간肝에 문제가 있다는 것입니다. 얼굴이 붓거나 검은색을 띤다면 콩팥, 즉 신장에 문제가 있습니다.

인간의 몸은 이처럼 스스로 건강을 지키기 위해 끊임없이 활동합니다. 이상이 생기면 해당 기관에서 즉각적으로 반응하여 냄새나 통증 같은 방법으로 신호를 보냅니다. 그래도 보살펴주지 않으면 더 강력한 신호를 보냅니다. 그러니 몸이 보내는 신호를 잘 알아차리는 것이 중요합니다. 입맛이 변하거나, 살이 빠지거나, 자꾸만 멍이 들거나, 배변에 이상이 있거나, 갑자기 피곤이 심하거나, 어지럽거나, 구토를 하거나, 피부색이 검거나 노랗게 되거나 하는 등 변화를 보인다면 분명 건강에 이상이 생긴 것입니다. 병이 나면 약도 써야 하고 수술도 해야 합니다. 그 전에 자신의 몸을 돌아보고 늘 살피는 것을 게을리하지 말아야 합니다.

✷ 걷는 것이 보약입니다

　30분 이상만 걷는다면 달리기나 자전거 타기보다 체지방을 감소시키는 데 훨씬 더 효과적입니다. 오래 걸을수록 지방이 잘 분해되기 때문입니다. 식사 시간과도 관련이 있습니다. 식후 30분~1시간 후에 걸어야 단백질이나 지방이 소비될 수 있습니다. 보폭은 무리하지 않고, 양발은 11자로 유지하며 발은 뒤꿈치→발바닥→발가락 순으로 땅에 닿도록 합니다.

　걷기 운동의 대표적인 것은 등산입니다. 등산은 시간당 약 1,000kcal를 소비하여 가장 열량을 많이 소모하는 운동 중 하나라고 합니다. 그러나 무리하게 등산을 할 경우, 오히려 가만히 앉아 있는 것보다 못한 부작용이 생길 수도 있습니다. 힘든 코스라면 30분 등반한 후 5분 휴식을 취하고, 난이도가 낮은 코스라면 1시간 등반 후에 10분 휴식을 취하면서 체력 관리를 합니다. 오르막길에서는 발가락 끝부터 닿은 상태에서 발바닥 전체를 지그시 밀착해야 무릎 관절에 충격을 줄일 수 있고, 내리막길에서는 발뒤꿈치를 먼저 내디딘 후에 발가락을 바닥에 대는 방식으로 내려와야 합니다.

　무엇보다 중요한 것은 등산 중 어지럽거나 두통, 구역질, 관절 통증이 생기면 참지 말고 바로 그 자리에서 쉬는 것입니다. 한 달에 한 번만이라도 등산을 3시간에서 5시간만 하면 웬만한 노폐물은 땀으로 다 배출되고 다리의 근력을 튼튼하게 할 수 있습니다.

✺ 잠이 보약입니다

꼭 비싼 약만 보약이 아닙니다. 잠이 보약이라는 말은 그만큼 잠을 자면서 자율적인 조율을 통해 균형을 맞추고 인체에 많은 영향을 끼친다는 뜻이기도 합니다. '잠자라!'라는 말은 잠을 잘 때 '자라난다'라는 뜻이기도 합니다. 잠을 설치면 신체 리듬이 깨지고 두통, 식욕 저하뿐만 아니라 비만의 원인이 되기도 합니다.

- 숙면의 가장 큰 적은 바로 낮잠입니다. 특히 식사 후 바로 낮잠을 자는 것은 피하십시오.
- 잠들기 전에 불안하거나 걱정이 되는 일을 만들거나 생각하지 마십시오.
- 잠자는 공간은 될 수 있다면 빛을 차단합니다. 그게 어려우면 수면 안대를 사용합니다.
- 최소한 잠들기 3시간 전에는 음식물 섭취를 끝내십시오. 먹고 마시고 바로 잠들면 위장 활동이 계속되어 숙면을 취할 수 없을 뿐만 아니라 음식물 소화를 위한 위산 과다로 역류성 식도염까지 올 수 있습니다.

• 체온이 떨어지면 면역력이 낮아지고, 체온이 유지되면 면역력이 높아집니다. 찬 데서 잠을 자면 몸이 뻑적지근합니다. 따뜻하게 자면 면역력이 높아져서 몸이 한결 가볍고 좋은 컨디션을 유지합니다.

✺ 따뜻한 물로 목욕을 합니다

목욕은 근육과 피로를 풀어주고 노폐물을 배출시켜줍니다. 따뜻한 물로 목욕을 하거나 반신욕을 30분에서 1시간 정도로 하면 잃어버린 기운을 회복하는 데 도움이 됩니다. 무조건 뜨거운 물에 오랜 시간 동안 몸을 담그고 있는 것은 좋지 않습니다. 38~43도의 따뜻한 물에 입욕 시간은 15~20분 정도가 적당합니다. 이 시간이 지나면 밖으로 나와서 휴식을 좀 취하고 다시 들어갑니다. 그리고 온탕에만 있지 말고 온탕과 냉탕을 반복해서 오가면 혈액순환이 촉진되고 피부 탄력성을 유지할 뿐 아니라, 스트레스를 받을 때 분비되는 호르몬인 코르티솔 수치가 감소하는 효과가 있습니다. 저는 온탕 15~20분을 한 후에 냉탕 1분 온탕 1분씩 5~9차례 왔다갔다합니다. 여기서 주의할 점은 목욕하기 30분 전에 물 외에 아무것도 먹지 않는 것입니다.

자연의 법칙은 봄, 여름, 가을, 겨울을 따라 봄과 여름은 생성하고, 가을과 겨울은 소멸합니다. 따뜻하면 살고, 차가워지면 시들고 멈춥니다. 몸도 마찬가지입니다. 따뜻하면 살고 성장하며. 차가워지면 시들고 멈추기 마련입니다.

✵ 성공적으로 오래 사는 것이 중요합니다

'죽지 못해 산다'는 말보다 끔찍한 말이 있을까요? 아픈데 죽지는 못하고 병원비는 계속해서 나가고 고통 속에서 살아간다면 그것은 사는 것이 아닙니다. 그래서 단지 수명이 느는 것이 중요한 것은 아니라는 말이 나옵니다. 정말 좋은 것은 몸과 정신이 모두 건강하게 오래 사는 것입니다. 장수도 중요하지만 '성공적인 노화 successful aging'가 더 중요한 것입니다.

성공적인 노화의 70%는 우리 자신에게 달려 있다고 합니다. 어떤 습관을 가지고 살아왔는가와 살아갈 것인가에 따라 건강이 결정됩니다. 흡연, 비만, 과음을 버리고 균형 잡힌 식사를 하고 건강하게 일하고 행복하게 쉬고 운동도 열심히 하는 것이 쌓이고 쌓이면 성공적인 건강한 노화가 됩니다. 나이가 들어서도 건강하게 사는 것은 그만큼 스스로 건강하게 관리한 덕분입니다.

'9988234(구구팔팔이삼사)' 구십구 세까지 팔팔하게 살다가 이삼일 병원에 누워 있다가 세상을 떠난다4=사死는 말처럼 건강한 삶을 사는 것이 이 지구별 여행에서 천국을 누리는 비결입니다.

✸ 몸이 천 냥이면 눈이 구백 냥입니다

100년 전과 비교하면 우리는 그야말로 휘황찬란한 빛의 세계에 살고 있습니다. 24시간, 365일 빛이 없는 공간이 없습니다. 컴퓨터, TV, 휴대전화는 물론 현란한 조명까지 눈을 해치는 것들이 너무도 많아졌습니다. 점점 어린아이들도 안경을 끼고, 라식과 라섹을 아무렇지도 않게 합니다. 그리고 또 눈이 나빠집니다. 눈 건강을 위해 가장 좋은 방법은 당연히 눈을 쉬게 해주는 것입니다. 잠을 자면 해결되지만 그렇게 하면 생활을 할 수 없습니다. 일상생활에서 눈을 보호하는 방법들을 찾아보았습니다.

- 눈이 나빠졌다고 느끼면 눈을 피로하게 만들지 말고 바로 안과에 가서 상담을 하고 안경을 맞추는 것이 좋습니다.
- 한 곳을 30분 이상 쳐다보지 않습니다.
- 목 운동을 하듯 전후좌우 원을 그리는 안구 운동을 1시간에 한 번은 해줍니다.
- 주변에 녹색 물질이나 풀 등을 습관적으로 바라보십시오. 녹색은 눈의 피로를 가장 잘 풀어주는 색깔입니다. 자주 시간을

내어 푸른 산이나 파란 하늘을 바라보십시오! 마음까지 편안해집니다.

- 피곤하다고 습관적으로 눈을 비비지 마십시오. 세균에 감염될 뿐 아니라 결막이 상합니다.

✸ 치아가 건강해야 맛있게 먹을 수 있습니다

치아는 음식을 분쇄해서 내 몸속으로 넣어주는 도구입니다. 그리고 그 도구는 평생 딱 한 개만 주어집니다. 그 말은 한 번 상태가 나빠지면 원래의 치아는 영원히 사라진다는 말입니다. 나중에 충치 치료를 해도 원래 치아는 아닙니다. 매일 보물처럼 치아를 관리하십시오.

가장 중요한 건강 관리의 첫 번째는 치아 건강입니다.

하루에 세 번 음식물을 섭취한 후에 꼭 이를 닦아야 합니다. 특히 잠자기 전에 반드시 닦아야 입속 세균이 번식하지 못합니다. 치아 결에 맞춰 위아래로 닦고 잇몸도 살살 닦아줍니다. 이쑤시개로 이를 쑤시는 것은 튼튼한 담벼락에 자꾸만 구멍을 내서 벽을 허무는 것과 같은 행동입니다. 처음에는 괜찮은 것 같지만 결국에는 풍치가 생기고 이가 모두 무너져 내립니다. 치실을 정기적으로 사용하십시오. 혀에 낀 백태는 혀 깔끄미를 이용해 제거합니다.

입안의 나쁜 세균 증식을 막을 수 있습니다. 저는 양치질을 할 때 저녁에는 죽염이나 천일염을 정기적으로 사용합니다. 잇몸 건강에 참 좋은 것 같습니다. 정기적으로 치과에 가서 스케일링을 하고 검사와 치료, 관리를 해서 지금까지 충치가 하나도 없이 건강한 치아를 유지하고 있습니다.

✸ 굿바이 스트레스!

감옥 탈출보다 어렵다는 스트레스 탈출. 스트레스를 다스릴 수 있는 사람만이 만병을 다스릴 수 있습니다. 스트레스의 증세는 두통, 구토, 소화 불량, 기억력 감퇴 등 너무도 다양해서 한 가지로 정의할 수 없습니다. 그만큼 다스리기 어렵고 복잡합니다. 스트레스는 이처럼 치명적이지만, 내 몸에서 생겨났듯 내가 스스로 다스릴 수 있다는 가능성 또한 존재합니다. 스트레스에서 벗어나기 위해 무엇을 어떻게 해야 할까요?

- 스트레스 받는 원인에 대한 생각을 멈추고 잠시 떨어져서 다른 일에 집중해봅니다.
- 스트레스 이유를 친한 사람에게 이야기해봅니다. 걱정이 병을 키운다는 말처럼 혼자 담아두다 스트레스가 커지기 때문

입니다. 공개할 대상이 없으면 노트에라도 써봅니다.

- 현실을 인정하고 여유를 가집니다.
- 원인을 너무 남 탓으로 돌리지 마십시오. 모든 일은 내 마음의 해석에 따라 달라질 수 있고, 다 내 생각 내 탓이고 내 책임입니다. 스트레스로 하고 싶은 말이 있으면 마음속이 시원하도록 가까운 친구나 혼잣말로 다 풀어내는 것이 정신건강에 좋기 때문입니다.
- 땀을 쪽 뺄 수 있고 열중할 수 있는 운동이나 취미 생활에 빠져봅니다.
- 거절하고 아니라고 말하는 것을 두려워하지 않도록 연습해봅니다.

✺ '건강이 재산'이라는 말은 사실일까요?

"건강은 세상에서 가장 소중한 것이다."

이렇게 말하면 100명 중에 한 명 정도나 수긍할까, 대부분은 마음속으로 부정할 것입니다. 한 명은 시한부 인생인 분이 아닐까요? 그러나 건강한 삶이 병상에 누워 있는 사람들만의 소망이어서는 안 됩니다. 건강할 때 건강의 소중함을 깨닫는 것이 제일 중요합니다.

백문百聞이 불여일견不如一見이라면 백금百金이 불여건강不如健康입니다. 병상에 누워서 백 번 건강의 귀함을 깨닫는 것보다, 건강할 때 한 번 깨닫는 것이 훨씬 더 현명한 일이고 값진 일입니다. 죽음을 눈앞에 두고서 돈은 얼마가 들어도 좋으니 살려만 달라는 사람이 지금도 종합병원에 가면 하루에도 수백 명입니다. 모든 것을 양보하고 희생시켜도 건강만은 희생시키지 말아야 하며, 돈도 명예도 권력도 건강과는 바꾸지 말아야 합니다. 건강이 있으면 돈도 명예도 권력도 얻을 기회라도 있지만, 건강을 잃으면 나머지를 얻을 기회조차 없기 때문입니다. 몸은 마음의 그릇이고 나의 소중한 집입니다.

✺ 스티브 잡스의 마지막 조언

스티브 잡스가 임종을 앞두고 병상에서 자신의 과거를 회상하며 마지막으로 남겼던 메시지를 소개해드릴까 합니다.

"나는 사업에서 성공의 최정상에 도달했었다. 다른 사람들 눈에는 내 삶이 성공의 전형으로 보일 것이다. 그러나 나는 일을 떠나서는 기쁨이라고는 거의 느끼지 못했다. 결과적으로, 부富라는 것이 내게는 그저 익숙한 삶의 일부일 뿐이다. 지금 이 순간에, 병석에 누워 나의 지난 삶을 회상해보면, 내가 그토록 자랑스럽게 여겼던 주위의 갈채와 막대한 부는 임박한 죽음 앞에서 그 빛을 잃었고, 그 의미도 다 상실했다. 어두운 방 안에서 생명 보조 장치에서 나오는 푸른빛을 물끄러미 바라보며 낮게 윙윙거리는 그 기계 소리를 듣고 있노라면, 죽음의 사자 숨결이 점점 가까이 다가오는 것을 느낀다. 이제야 깨닫는 것은 평생 배 굶지 않을 정도의 부만 축적되면 더 이상 돈 버는 일과 상관없는 다른 일에 관심을 가져야 한다는 사실이다. 그건 돈 버는 일보다는 더 중요한 뭔가가 되어야 한다. 그건 인간관계가 될 수 있고, 문화 예술일 수도 있으며, 어린 시절부터 가졌던 꿈일 수도 있다. 쉬지 않고 돈 버는 일에만 몰두하다 보면 결과적으로 비뚤어진 인간이 될 수밖에 없다. 바로 나같이 말이다. 부에 의해 조성된 환상과는 달리, 하나님은 우리가 사랑을 느낄 수 있도록 감성이란 것을 모두의 마음속에 넣어주셨다. 평생 내가 벌어들인 재산은 가져갈 도리가 없다. 내가 가져갈 수 있는 것이 있다면 오직 사랑으로 점철된 추억뿐이다. 그것이 진정한 부이며 그것은 우리를 따라오고 동행하며, 우리가 나아갈 힘과 빛을 가져다줄 것이다. 사랑은 수천 마일 떨어져 있더라도 전할 수 있다. 삶에는 한계가 없다. 가고 싶은 곳이 있으면 가라. 오르고 싶은 높은 곳이 있으면 올라가 보라! 모든 것은 우리가 마음먹기에 달렸고, 우리의 결단 속에 있다. 어떤 것이 세상에서 가장 비싼 침대일까? 그건 '병원 침대'이다. 우리는 운전수를 고용하여 우리 차를 운전하게 할 수도 있고, 직원을 고용하여 우릴 위해 돈을 벌게 할 수도 있지만, 고용을 하더라도 다른 사람에게 병을 대신 앓도록 시킬 수는 없다. 물질은 잃어버리더라도 되찾을 수 있지만 절대 되찾을 수 없는 게 하나 있으니 바로 '삶'이다. 누구라도 수술실에 들어갈 즈음이면 진작 읽지 못해 후회하는 책 한 권이 있는데, 이름하여 '건강한 삶의 지침서'이다. 현재 당신이 인생의 어느 시점에 이르렀든지 상관없이 때가 되면 누구나 인생이라는 무대의 막이 내리는 날을 맞게 되어 있다. 가족을 위한 사랑과 부부간의 사랑 그리고 이웃을 향한 사랑을 귀히 여겨라. 자신을 잘 돌보기 바라며 이웃을 사랑하라!"

죽음을 앞에 두고 고백하는 스티브 잡스의 보물 같은 조언은 늘 살면서 가슴에 새겨두어야 할 값지고 의미있는 말인 것 같습니다.

자화상 自畵像

하늘과 땅이 키운
먹거리가 모여
나의 몸이 되었다.
내가 살아온 삶의 흔적은
몸과 마음으로 뒤섞여
자화상으로 깃들어 있다.

몸은 마음을 담는 그릇
마음은 몸을 담는 그릇
영혼은 몸과 마음을 담는 그릇

땅의 기운은 내 몸 그릇에 담고
내 삶의 찰나는 마음 그릇에 담고
내 영혼은 하늘 그릇이 다 담아준다.

CHAPTER
05

부의 나침반
-심력心力-

부자는 마음이 성공에 영향을 미친다고 믿습니다.

"마음은 부를 만들고 유지시키는 성공의 핵심이다."

"말이 씨가 된다"라는 것처럼 자기가 믿는 대로 되기 때문입니다. 부자의 90%는 긍정적인 생각과 믿음, 마음을 가지려고 노력하지만, 가난한 사람은 대부분 어둡고 부정적인 마음으로 쏠립니다. 할 수 없다고 백번 천 번 다짐하는데 이뤄지는 것이 있을 리 없습니다. 부자는 마음먹은 대로 된다는 것을 믿고 일합니다. 따뜻한 말과 친절한 행동과 관심, 일에 대한 가치 제공과 유익한 정보 전달, 아이디어 제공, 지식 공유를 통해 상대에게 필요한 사람으로 인식되기 위해 항상 좋은 마음, 밝은 마음, 긍정적인 마음, 희망을 가지려고 합니다.

부자는 하고 싶은 것을 이루기 위해서는 먼저 하기 싫은 일을 해야 되는 것도 잘 알고 있습니다. 그전에 하기 좋고 하기 싫은 일은 다 내 생각이고, 마음에서 생긴 것이며 좋고 싫음 없이 만나 온 마음을 다해 행하는 자체가 감사感謝이고 배움이라는 사실을 잘 알고 있습니다.

그래서 부의 나침반의 남쪽은 밝고 열정적이며 따뜻한 심력心力입니다.

✸ 마음에서 시작하는 원리가 있습니다

모든 사물은 출발과 원천이 존재합니다. 그것은 나로부터 시작하는 원리입니다. 남을 위해서가 아니라 자기 삶의 주인공으로 사는 것입니다. 남을 위해 억지로 기뻐하고 웃는 것이 아니라, 내가 기쁘면 남도 저절로 기뻐진다는 친절의 진짜 원리를 깨달아야만 삶 자체가 바뀝니다. 흔히 이것을 경영학자, 미래학자들은 '주인정신'이라고 합니다.

내 삶의 주인공이 내가 아니면 지금 이 '나'는 무엇이란 말입니까? 모두 내가 주인이라는 사실을 절실하게 깨닫는 순간, 우리는 우주와 연결되고 에너지가 작동하고 세상은 믿음대로 됩니다. 마음 하나 잘 부리면 삶이 행복으로 가득하고, 일체유심조一切唯心造니 존재의 본체는 마음이 지어내는 것일 뿐이며 모든 것은 오로지 마음속에 있습니다.

잠언 4장 23절에 "모든 지킬 만한 것 중에 더욱 네 마음을 지키라. 생명의 근원이 이에서 남이라"라는 말의 의미도 이것과 다르지 않습니다.

믿음은 바라는 바의 실상으로 나타나기 때문입니다.

✸ 마음이 이리 가면 긍정이고 천국, 저리 가면 부정이고 지옥입니다

우리가 경험하고 일어나는 일은 사실 우주적으로 보면 일어날 수밖에 없는 것입니다. 일어날 일이기에 일어난 것이고, 일어난 일은 바꿀 수도 없습니다. 이 세상에 일어난 사실은 바꿀 수 없습니다. 사실은 하나이기 때문입니다. 그 사실은 신神도 바꿀 수 없습니다. 그러나 일어난 그 사실을 받아들이고 인정하며 해석하는 마음은 선택하고 바꿀 수 있습니다. 마음은 무한한 가정假定의 수를 만들어내어 수많은 생각의 그물을 바꿀 수 있게 해줍니다. 그 무한 가정의 수는 맨 위로 올라가면 크게 두 가지로 구분할 수 있는데 바로 '긍정'과 '부정'입니다. 하나의 사실을 두고 화나고 짜증나고 힘든 부정적인 생각을 선택하고, 덕분에 감사하고 고맙고 더 많이 배울 수 있었다는 긍정적인 생각을 선택합니다. 모든 인간은 이 두 가지 생각의 선택에 따라 삶을 경험합니다.

✸ '반밖에'와 '반이나'의 화법은 마음에 달렸습니다

저 많은 밭을 반이나 갈았다는 사람도 있고, 반밖에 못 갈았다는 사람도 있습니다. 물컵에 물이 반이나 남았다는 사람도 있고, 반밖에 없다는 사람도 있습니다. 프로야구의 7전 4선승 게임에서

두 게임을 내리 진 팀이 네 게임을 연달아 이기고 우승한 예도 수두룩합니다. 세상은 부정적으로 보기 시작하면 끝도 없고, 긍정적으로 보기 시작하면 은혜이고 감사할 일만 느껴지는 것입니다.

삶의 수준은 결국 해석하는 능력에 따라 결정됩니다. 그리고 좋은 해석 능력이란 긍정의 해석입니다. 긍정적인 생각은 삶을 행복하게 하고, 기쁘게 하고, 사랑하게 하고, 만족스럽게 합니다.

생각의 뒤에 따라오는 감정에 치우치며 살기보다는 그 생각을 내가 선택할 수 있는 자유와 힘이 내 안에 있음을 깨닫고, 긍정과 희망의 의식을 높이는 심력을 키우는 것이 내 삶의 질을 향상시키는 마음의 토대입니다. 긍정적으로 사는 삶은 여유가 있고, 침착하고, 평온하며 행복하고 자유롭습니다.

❖ 어떤 마음을 갖느냐에 따라 다른 힘이 나옵니다

마음의 기운은 다양한 형태로 세상 밖으로 드러납니다. 그 강력한 기운이 눈으로 드러나면 총기聰氣가 됩니다. 상대를 흡입하듯 바라보는 맑은 눈은 마음에 평안을 주고 남에게 지극한 정성과 관심을 표현합니다. 얼굴에 드러나는 화기애애和氣靄靄는 웃음이 가득한 자신 있는 모습을 남에게 보여서 그 대답이 다시 웃음으로 돌아오게 합니다. 행동에는 용기勇氣가 생겨납니다. 꼭 성공하고

야 말겠다는 마음의 자세 또한 성공할 수 있는 자의 용기라 할 수 있습니다. 마음은 우리가 어려움에 처하면 끈기를 드러냅니다. 세상의 어떤 일도 어려움이 없이 술술 풀리면서 성공할 수 있는 것은 없습니다. 누구나 위험에 처하고 난관에 봉착하고 슬럼프에 빠질 수 있습니다. 그때 이겨낼 수 있는 자신감, 반드시 해내고야 말겠다는 끈기가 튀어나옵니다. 끈기는 곧 근기根氣입니다.

뿌리 깊은 나무는 바람에 흔들리지 않습니다.

✺ 지금의 행동이 쌓여서 미래의 나를 만듭니다

오늘 지금 이 순간 행동의 씨앗이 미래에 내 삶의 꽃이 되고 열매가 됩니다. 그렇다면 지금 이 순간 어떤 삶의 씨앗을 뿌리며 사시겠습니까? 부자는 '내 삶은 내가 만든다!'라고 하며 실천하고, 가난한 사람은 '내 삶은 운명이고 팔자다'라고 생각하고 행동하지 않습니다. 그러나 그 뜻은 정반대입니다. 이기려고 하는 사람은 최소한 지지는 않습니다. 하지만 지지 않으려고 하는 사람은 이기기 힘듭니다. 목표 달성을 위한 우선순위를 정하고, 기간을 설정하며, 기회에 집중 몰입해서 장애물은 신경도 쓰지 않고 어려움을 이겨내고 드디어 정상에 도달하는 사람이 있고, 목표를 정하고도 장애물에 신경 쓰느라 기회를 놓치는 사람도 있습니다.

부자들은 성공한 사람들과 사귀면서 좋은 정보와 지식과 꿈을 이루어갑니다. 그 시간에 가난한 사람들은 불평불만이나 신세타령이나 자신을 위로하는 술과 농담으로 스트레스를 풉니다.

큰 것을 두고 작은 것에 현혹되지 말아야 합니다. 하나만 생각하느라 둘을 생각하지 못해도 안 됩니다. 지금의 삶을 스스로 만들 때 미래의 내가 원하는 나도 만들어집니다. 지금부터라도 자신을 위해 일하고, 자신을 관리해야 합니다. 아니면 시간이 지나 결국 돈이 당신을 관리하고, 돈을 위해 꼬박꼬박 노동해야 하는 삶이 닥칠 것입니다.

똑같은 삶을 살고도 '내 삶은 참 아름다운 추억이고 지금 내가 되기까지 다 필요한 일이며 참 많이 배우고 유익하고 감사한 삶'이라고 해석하는 사람이 있습니다. 반면 '내 삶은 운도 없고 불행한 삶이었어!'라고 해석하는 사람도 있는 법입니다. 다시 한 번 마음속에 새겨보십시오!

내 삶에서 지금 이 순간이라는 씨앗은 미래의 꽃이며 열매입니다. 명심하십시오!

✦ 마음은 답을 알고 있습니다

일본의 물 연구가가 지은 『물은 답을 알고 있다』라는 책에서 연구가는 실험실에 물컵 두 개를 가져다 놓았습니다. 물컵 하나에 "망할 놈, 죽어버려라!"와 같은 욕을 매일 내뱉고 난 다음에 물 결정을 현미경으로 보니 물 결정이 완전히 파괴되었고, 다른 컵에 있는 물에는 "사랑한다, 고맙다!"와 같은 말을 하고 현미경으로 보니 아주 아름다운 육각형의 결정체를 맺고 있더랍니다.

그 책에는 전자현미경으로 찍은 물의 모습들이 그대로 나옵니다. 이게 무슨 의미인가는 잘 생각하면 답이 보입니다. 우리 몸을 구성하는 성분 중 약 70%가 물이기 때문입니다. 그래서 좋은 물을 마시려고 정수기도 설치하고 약수를 길어 먹는 겁니다. 그보다 더 좋은 건 결국 70%가 물인 우리 몸에게 매일 칭찬하고 사랑하는 말을 해주는 것입니다.

게다가 우리가 먹는 음식물도 대부분 물로 이루어져 있습니다. 오이의 96%, 쇠고기의 74%가 물입니다. 채소와 고기를 먹을 때 고맙다고 말하면 이상한 사람이 될까요? 매 순간 나와 사물 모두에게 사랑하고 칭찬한다면 말 그대로 건강해지고 행복해질 것입니다. 내 마음을 통해 내 입으로 타인의 말을 할지라도 타인의 말이 아니라 바로 나의 마음이고 내 말입니다. 그래서 결국은 내가 나한테 말하는 것임을 알아차린다면 타인의 이야기라도 함부로 말해서는 안 되며 무릇 내 마음을 잘 지키고 관리해야 한다는 것을 명심해야 합니다. 우리는 남을 미워하고 남을 용서하지 못해서 힘겨운 삶을 살고 있는데 결국 자기 자신이 스스로 미워하는 마음을 다스리고, 용서하지 못하는 마음을 스스로 용서해야 합니다. 믿을 신信이라는 글자는 '나사람 人의 말言'이 곧 믿음信이라는 것입니다. 믿음은 내가 믿고 내뱉는 말에 의해서 바라는 바의 실상實狀으로 나타나고 이루어집니다.

🌸 마음에서 말로 나갈 때 주의합니다

인간에게는 여섯 개의 아주 중요한 부분이 있습니다. 그 가운데 눈, 코, 귀는 스스로 다스릴 수 없는 것이고, 입, 손, 발은 스스로 다스릴 수 있는 것입니다. 『명심보감』에서는 기뻐하고 노여워하는 것은 마음속에 있지만, 말은 밖으로 나가는 것이니 삼가지 않을 수 없다고 했습니다喜怒在心 言出於口 不可不慎. 설사 노여워하는 마음이 들더라도 내색하지 않고 말을 입 밖으로 꺼내지 않으면 상대는 그것을 알지 못하고 서로 불편한 일도 생기지 않습니다. 그러나 마음心이 입口 밖으로 나와 굳어져 된 것이 말言이라 일단 나오면 엎어진 물처럼 돌이킬 수 없게 됩니다. "입은 사람을 상하게 하는 도끼요, 말은 혀를 베는 칼이다"라는 말이 괜히 나온 것이 아닙니다. 나我라는 글자도 들여다보면 손 수手에 창 과戈가 합쳐져서 만들어졌는데, 자기 손으로 자신과 타인을 창으로 찔러서 상처를 주는 사람이 나我라는 것을 알아차려볼 일입니다. 밖으로 나가는 말과 행동을 잘 다스려서 다른 이들에게 기쁨과 평화를 준다면 얼마나 의미 있는 일일까요? 그것은 또 나에게 얼마나 긍정의 보답으로 돌아올까요? 나에게로 떠나 나에게로 돌아오는 것이 메아리의 법칙입니다.

✸ 항상 기뻐하십시오! 웃음은 많은 것을 없애줍니다

옛날 당나라의 거부였던 송청이란 사람은 구불약九不藥을 들어, 성공의 원천이 웃음이라고 했습니다. 구불약이란 말 그대로 웃음 속에 아홉 가지 부정적인 것을 극복하는 묘약이 있다는 뜻입니다.

① 불신不信 – 웃음은 상대방이 나에게 갖는 불신을 없애준다.
② 불안不安 – 웃음은 나뿐만 아니라 타인의 불안도 함께 없애준다.
③ 불앙不怏 – 웃음은 원망을 품거나 복수하려는 마음을 없애준다.
④ 불구不勾 – 웃음은 비뚤어진 생각을 없애준다.
⑤ 불치不値 – 웃음은 물건 값을 속인다는 생각을 없애준다.
⑥ 불의不倚 – 웃음은 나에 대한 거리감을 없애준다.
⑦ 불충不衷 – 웃음은 성의가 없다는 생각을 없애준다.

⑧ 불경不敬 – 웃음은 공손하지 않다는 불쾌감을 없애준다.

⑨ 불규不規 – 웃음은 규칙을 어길지도 모른다는 의구심을 없애준다.

그러나 자신에게 가장 경계해야 할 웃음은 '비웃음'입니다.

비웃음은 자신을 진실하지 않게 하는 시험이 되기 때문입니다.

✺ 몸은 마음과 공유합니다

우리 몸은 체격에 따라 약 30조 개에서 100조 개의 세포로 이뤄져 있다고 합니다. 이 숫자는 우주에 있는 별들의 숫자만큼이나 많습니다. 그런데 이 세포들은 놀랍게도 모두 우리의 감정과 고통을 공유한다고 합니다. 우리가 슬픔에 젖어 있거나, 분노하면 세포들도 모두 그렇게 반응한다는 것입니다. '몸의 털 하나하나까지 곤두선다'는 말은 정말인가 봅니다. 반대로 긍정적으로 대하고 웃음을 지으면 온 우주라고 할 수많은 세포도 함께 웃으면서 즐거워한다고 합니다. 실제로 미국이나 유럽의 중환자 병동에서는 코미디언, 어릿광대처럼 웃음을 불러오는 사람들이 정기적으로 공연을 해서 치료에 힘들어하는 환자들에게 웃음을 준다고 합니다. 웃는 데는 돈이 들지 않고, 힘들고 고통스럽지도 않습니다. 그런데 단지 웃는 것만으로도, 즐거운 마음을 가지는 것만으로도 우리 몸의 세포가 건강해진다고 합니다.

어떻게 할까요? "웃으면 복이 옵니다!"

✸ 사랑하는 마음이 나를 크게 합니다

흔히 '사랑을 하면 예뻐진다'고 합니다. 사랑하면 특정한 사람과의 관계뿐만 아니라 세상을 보는 관점, 세계 전체와의 관계까지도 꽃이 피고 향기로워지기 때문입니다. 그래서 누군가를 사랑한다는 것은 모든 일과 사람을 사랑할 수 있다는 뜻이기도 합니다. 사람을 진심으로 대하고 사랑하는 사람은 더 큰 이해심과 존중의 마음을 가지게 됩니다. 그래서 전력을 다해서 사랑해본 사람은 일과 사람에게 모두 후회 없는 삶을 살 수 있습니다. 사랑해본 사람은 자신의 모든 것을 내걸고 진실하고 아름다운 도전을 했기 때문에 성공할 수 있습니다.

✸ 가난을 증오한다고 해서 부자가 되지는 않습니다

당신이 무언가를 가지고 있다는 이유만으로 누군가 당신을 미워하거나 침을 뱉는다면 어떤 기분일까요? 조용히 눈을 감고 누군가의 부와 행복을 저주하거나 증오했던 때가 있는지 생각해봅니다. 그렇게 하고 나서 정말 상쾌하거나 보상받았다고 생각하는지 되짚어 봅니다. 반대로 당신이 열심히 노력해서 얻은 것을 폄하하거나 욕하거나 증오하는 사람을 대하면 어떻게 하겠습니까?

가난을 증오한다고 해서 부가 얻어지지는 않습니다. 무엇이든지 당신이 집중하는 것이 당신의 것이 되는 것이지, 증오하는 것이 당신의 것이 될 수는 없습니다. 수학을 싫어하는데 수학자가 될 수 없고, 영어를 싫어하는데 영어를 잘할 수는 없습니다. 힘을 내는 에너지는 사람이 품고 있는 마음의 힘과 방향을 따라가기 때문입니다. 부자가 되고 싶다면 부자들이 만든 형태를 상상하고 사랑하는 것이 낫습니다. 내가 미워하면 상대도 나를 미워하듯이 세상은 반드시 상대적입니다.

✸ 긍정적인 방향으로 나를 이끌어야 합니다

말이 수레를 끌고 진흙길로 가려고 하면 다시 고삐를 죄어 탄탄하고 평온한 길로 이끌어야 합니다. 마찬가지로 내 마음이 가는 방향이 나쁜 길로 접어든다면 긍정적인 방향으로 이끄는 것이 중요합니다. 긍정적인 감정과 생각은 우리가 원하는 것을 끌어다 줍니다. 부정적인 생각은 우리를 가난과 고통의 진흙길로 끌고 갑니다. 진흙길에 빠지면 설사 옆에 아름다운 꽃밭이 펼쳐져도 눈에 들어오지 않습니다. 문제에 집착하면 풍요로움에 대한 희망은 달아나 버립니다.

삶은 풀어야 할 문제가 아니라 경험해야 할 신비입니다.

긍정적인 생각은 부정적인 생각보다 훨씬 강력하지만 사람들은 그 시간에 오만 가지 잡생각, 부정적인 생각을 더 잘합니다. 부정적인 생각이 작고 구체적으로 잘 떠오르기 때문입니다. 부정적인 생각을 사라지게 하고 긍정적인 생각을 크게 만드는 연습을 하는 것은 그래서 중요합니다. 지금 이 순간 당신이 원하는 것, 당신이 웃었던 일, 당신이 행복했던 시간, 당신이 도움을 주어서 서로가 즐겁고 기뻤던 순간을 마음속에 떠올려봅니다. 반대로 부정적인 생각이 떠오르면 그것을 칠판에 썼다가 지우는 장면을 상상하거나 그 장면을 오려서 종이비행기로 접어서 멀리 날려버리는 모습을 떠올려도 좋습니다. 저는 부정적인 생각이 들면 고개를 흔들어서 부정적인 생각을 끊어버립니다. 부정적인 생각을 없애고, 긍정적인 생각을 더욱더 생생하고 현실감 있게 만들수록 당신은 행복해집니다. 저는 또한 부정적인 생각이 일어나면 웃습니다. 마음껏 웃습니다. 웃음은 생각을 끊는 열쇠입니다. 웃으면서 동시에 생각할 수는 없습니다. 이것이 평상심으로 사신 진정한 부처님의 미소입니다. 깨어 있는 사람은 현실을 보고 느낄 수 있습니다. 긍정의 좋은 생각은 좋은 마음을 만들고, 좋은 마음은 좋은 행동을 부르고, 좋은 행동은 좋은 결과를 가져옵니다.

❄ 모든 에너지는 마음을 따라 흐릅니다

어떤 달은 평소보다 돈이 더 많이 들어오고, 어떤 달은 청구서가 더 많이 날아옵니다. 만나는 사람마다 나를 도와주고, 오래전 꾸어간 돈을 갚는 친구도 있습니다. 장사를 하는 분이라면 사람이 미어터지는 날이 있는가 하면, 손님은커녕 파리 한 마리도 보기 힘든 날도 있습니다. 이것은 리듬과 주기가 있기 때문입니다. 자연은 기승전결 혹은 장단고저의 오르막과 내리막을 가지고 있습니다. 기울었던 달은 다시 차고 찬 달은 반드시 다시 기울기 마련입니다. 비가 쏟아지면 마침내 멈추고, 언제 그랬느냐는 듯 해가 내리쬐는 것과 같은 이치입니다.

자연의 주기처럼 나가는 돈보다 들어오는 돈이 많을 때도 있고 들어오는 것보다 나가는 것이 많을 때도 있습니다. 그럴 때 중요한 것은 감정의 기복을 겪지 않고, 마음을 더욱 긍정적으로 가지고 열심히 생활하는 것입니다. 더 많은 에너지가 돌아올 주기가 되면 더 끌어당길 수 있지만, 이전에 낙담하거나 부정적인 마음을 굳혀버리면 다시 좋은 에너지가 와도 힘을 받지 못하기 때문입니다.

긍정은 물론 부정조차도 끌어안으십시오. 모든 것을 사랑하는 마음을 가지십시오! 사랑하면 알게 되고 알게 되면 보이나니 그때 보이는 것은 전과 같지 않습니다. 신께서 나를 지구별에 태어나게 하시고 살게 하시는 진정한 사랑을 온몸으로 알아차리십시오, 신이 베푸시는 온전한 사랑을 알면 삶이 참 고맙고 은혜이고 감사하기만 합니다.

✸ 사람은 마음먹은 대로 됩니다

인간의 역사가 조금씩 전진하는 것은 결심을 행한 결과의 누적 때문일 것입니다. 그야말로 '켜켜이' 쌓여서 이루어진 것입니다. 우리도 인생을 발전시키기 위해 목표를 정하고 조금씩 쉬지 않고 전진하고 노력합니다. 그리고 결과를 획득합니다. 따라서 목표가 있다면 마음속으로 생각하고, 입으로 말하며 머릿속으로 구체화 할 필요가 있습니다.

만일 그 목표가 부富라고 하면 이런 식이 됩니다. 먼저 재산을 늘릴 목표를 정확히 정합니다. 다음은 목표를 정확하고 자세하게 글로 적습니다. 세 번째, 목표를 단계별로 우선순위를 나누고 달성 시간을 정합니다. 네 번째, 목표를 달성하는 데 필요한 행동을 모두 적습니다. 먼저 할 일과 나중에 할 일, 중요한 일과 중요하지 않은 일을 모두 적습니다. 다섯 번째는 당장 실행하는 것입니다. 기억하십시오. 많은 사람들이 3~4단계에서 그만둡니다. 마지막 여섯 번째는 매일 목표를 향해 적어도 한 걸음 다가갈 수 있도록 '꾸준히' 집중하고 몰입하는 것입니다. 이렇게 하면 성취하려는 목표가 무엇이든 꼭 이룰 수 있습니다.

미래에 다가올 일만을 생각하며 오늘 지금 이 순간을 낭비하고 있지는 않습니까? 될 일을 꿈꾸되 현실적으로 지금 할 수 있는 '된 일'부터 반드시 해야 합니다.

장애물을 만나면 이렇게 생각하라.
"내가 너무 일찍 포기하는 것이 아닌가?"
실패한 사람들이 '현명하게' 포기할 때,
성공한 사람들은 '미련하게' 참는다.
—『스피릿/부자를 만드는 영혼의 힘』 중에서

칭찬을 하려거든 마음 깊은 곳에서부터 칭찬합시다

칭찬은 고래도 춤추게 한다고 했습니다. 흰긴수염고래라고 부르는 대왕고래는 최대 몸길이 33m, 몸무게 약 179톤으로 지구상에서 가장 큰 동물입니다. 혹등고래도 몸길이 11~16m, 몸무게

30~40t입니다. 그런 고래를 춤추게 할 수 있는 것이 바로 '칭찬'입니다.

인간의 기본적인 욕구 중 하나는 누군가에게 인정과 칭찬을 받는 것입니다. 태어나서 타인을 인지하는 그 순간부터 죽을 때까지 그 욕구는 그치지 않습니다. 온갖 종류의 대회에 나가서 상을 타려는 것은 타인에게 칭찬받고 싶은 욕구의 구현입니다. 그렇게 행동하도록 만드는 동기가 바로 칭찬입니다. 사람은 칭찬을 받으면 칭찬을 받는 그 일에 대해 자신을 가지게 되고, 용기백배해서 더욱더 분발하게 됩니다. 그리고 자신을 칭찬한 사람을 좋아합니다.

그러니 정말 잘해서 누군가를 칭찬해야 한다면 그 사람을 정말 자랑스럽게 생각한다는 마음을 마음껏 표현합시다. 그가 정말 중요한 사람이라고 느끼게 하고 나의 기쁜 마음을 전달합시다. 이렇게 될 때 두 마음은 서로 상승 작용win-win을 내게 됩니다.

부부 관계, 인간관계도 마찬가지입니다. 칭찬을 잘하는 사람들은 주변에 사람들이 많고 인정받지만, 그러지 못하면 주변에 사람이 없고 정이 없다거나 인색하다는 소리를 듣습니다. 인정받고 칭찬을 많이 듣고 자란 자녀는 얼굴이 밝지만 그렇지 못한 자녀는 기가 죽어 있거나 눈치를 보거나 얼굴이 밝지 않고 어색합니다.

✺ 고린도전서 13장 4절~7절을 바꾸어 읽어봅니다

고린도전서 13장 4절부터 7절까지의 내용은 다음과 같습니다.

사랑(　　　)은 오래 참고

사랑(　　　)은 온유하며, 투기하는 자가 되지 아니하며

사랑(　　　)은 자랑하지 아니하며 교만하지 아니하며

사랑(　　　)은 무례히 행치 아니하며 자기의 유익을 구치 아니
하며 성내지 아니하며 악한 것을 생각지 아니하며

사랑(　　　)은 불의를 기뻐하지 아니하며 진리와 함께 기뻐하고

사랑(　　　)은 모든 것을 참으며 모든 것을 믿으며 모든 것을 바
라며 모든 것을 견디느니라.

이 구절에서 '사랑' 대신 자신의 '이름'을 넣어 큰 소리로 읽어보
십시오. 나는 이렇게 할 수 있는 사람이라고 생각하십시오.

✺ '안갚음' 하고 살아가는 마음을 가집니다

비슷한 글자인데 뜻이 완전히 다른 경우가 있습니다. '앙갚음'
과 '안갚음'이 그런 경우입니다. 앙갚음은 우리가 흔히 아는 복수

revenge입니다. 남이 나에게 해害를 준 대로 나도 그 사람에게 해를 끼치는 것입니다. 그런데 '안갚음'은 다 자란 까마귀가 거동할 수 없는 늙은 어미 까마귀에게 먹을 것을 물어다 주는 '반포지효反哺之孝'와 같은 말로, 키워주신 은혜에 대한 보답의 말입니다. 우리는 살아가면서 남에게 당한 것이 있다면 앙갚음할 생각은 하면서, 은혜를 베푼 부모님과 다른 사람에게 안갚음을 할 생각은 잘 하지 않습니다. 그러나 더 큰 사람, 잘되는 사람이 되려면 '앙갚음'보다는 '안갚음'을 잘해야 합니다.

남을 미워하는 마음은 자기 것이고, 결국은 자신을 미워하는 것이기 때문입니다. 용서하지 못하는 것도 결국 남을 용서하지 못하는 것이 아니라 자신이 용서하지 못하는 것이기에 스스로 용서하면 됩니다.

우리에게는 남을 미워하거나 용서할 권리가 없습니다. 모두 내 안의 마음에서 스스로 판단에 의해 자신을 괴롭히는 일이고 자기 마음속에 까칠한 밤송이를 놓아두는 겪입니다.

✸ 그때가 바로 지금입니다

어떤 사람이 성자에게 물었습니다.

"인생에서 가장 중요한 때는 언제입니까?"

"가장 중요한 때는 현재이다. 지금 이 순간만이 우리가 스스로를 통제하고 고쳐나갈 수 있기 때문이다."

사람들은 말합니다.
그때 참았더라면……
그때 잘했더라면……
그때 알았더라면……
그때 조심했더라면……

훗날엔 지금이 바로 과거의 그때가 되는데 지금을 이렇게 아무렇게나 보내면서 자꾸 '그때' 과거만을 찾겠습니까?
아니면 지금 현재를 정성껏 사시겠습니까?

✳ 씨앗의 법칙을 기억합시다

닭이 먼저인지 달걀이 먼저인지를 가지고 많은 사람들이 선후先後를 따지는 말장난을 합니다. 그런데 '씨앗의 법칙'은 씨앗이 먼저고, 열매는 나중입니다. 그리고 그 중간에 경작의 과정이 있습니다. 과정이 없다면 열매도 없습니다.
씨앗의 교훈은 '수확하려면 일을 해야만 한다'는 것입니다. 흙을 파고 씨앗을 심고, 물을 주고 거름도 주고, 김도 매고, 시시때때로 돌보아야만 열매를 딸 수 있다는 것입니다. 그런데 많은 사람들이 영화나 TV를 너무 많이 보았는지도 모릅니다. 씨앗을 심었으니 이제 내일모레면 열매를 딴다고 생각합니다. 너무 빠른 결과는 실제 세상에는 없습니다. 오늘 씨앗을 심으면, 내일도 흙 속의 씨앗은 씨앗일 뿐입니다. 내 마음도, 내 진심도 열매를 거두려면 씨앗의 법칙을 먼저 상기해야 합니다. 때를 알고 씨를 뿌리고 기다리고 기다려 꽃피고 때에 맞게 열매 맺을 때까지 기다려야 합니다. 타인들은 그런 나의 삶을 늘 지켜보고 있습니다.

밤나무

잘 익은 군밤 먹고 싶어

산에 올라가 밤나무를 찾았다.

한참 동안 찾아 헤매다

밤나무 한 그루를 발견했다.

밤나무를 찾으면 밤이 있을 줄 알았다.

그러나 그곳엔 밤이 없었다.

밤을 얻기까지 시간과 세월이 필요했다.

봄이 오고 싹이 나고 꽃이 피고

여름이 오고 뜨거운 햇볕과 태풍을 맞이하고

가을이 오고 찬 이슬 맞으며

햇빛 받아 밤이 익어가고

밤송이가 벌어지고

그 밤을 줍고 배꼽을 따서

불에 잘 익혀서 먹을 때까지

한 세월 정성과 기다림의 연속이다.

✦ 마음이 지칠 때 조금만 더 해봅니다

- 조금만 더 배우라.
- 조금만 더 관찰하라.
- 조금만 더 개선하라.
- 조금만 더 노력하라.
- 조금만 더 인내하라.
- 조금만 더 행동하라.
- 조금만 더 성실하라.
- 조금만 더 모범을 보이라.
- 조금만 더 헌신하라.
- 조금만 더 절제하라.
- 조금만 더 격려하라.
- 조금만 더 정열을 가지라.
- 조금만 더 자신을 믿으라.
- 조금만 더 공경하라.
- 조금만 더 정성스럽게 하라.
- 조금만 더 사랑하라.

뜻을 이루는 일이 쉽다면 뜻이라고 하지 않았을 것이고, 꿈이라고 부르지도 않았을 것입니다. 당연히 어렵습니다. 그만두고 싶습니다. 그럴 때 '조금만 더' 해보십시오. 가고, 가고, 또 가다 보면 알게 되고, 행하고, 행하고, 또 행하다 보면 마음이 마침내 깨닫게 됩니다去去去中知 行行行裡覺. 결과를 얻기 위해서는 가야 하고 행해야 합니다. 그것도 '조금만 더' 될 때까지 최선을 다해야 합니다.

✺ 마음의 가장 큰 적은 망설임입니다

마음이 4차선을 달리려고 할 때 타이어가 펑크 난다면 그 펑크 난 타이어의 이름은 아마도 '망설임'일 것입니다. 망설임은 많은 기회를 헛된 공상으로 끝나게 합니다. 우리는 우리가 생각하고 계획한 일과 그리 다르지 않은 일을 해서 성공한 사람을 자주 봅니다. 그리고 늘 이런 생각을 합니다.

'나도 그 생각을 가졌었는데 왜 그때 그것을 못 했을까?'

독일의 시인 괴테는 이렇게 말했습니다.

"어떤 일에 대한 결정을 내리지 못하면 그것은 자연히 미루어지게 되고 시간이 지남에 따라 잊혀지고 점점 후회하게 될 것이다. 어떤 일을 행동으로 옮기는 것, 거기에는 커다란 용기가 포함된다. 당신이 계획한 일은 어떠한 것이나 다 할 수 있다고 생각하고 과감히 시작하라. 할까 말까 하는 질문이 생긴다면 해도, 안 해도 세월은 가니 망설임에서 벗어나 일단 시작만 하면 그것을 향한 당신의 마음이 불붙게 될 것이다."

✸ 한 줌의 흙이 태산이 되는 비결, 마음

2005년 4월 30일에 북극점에 도달함으로써, 세계 최초로 탐험가 그랜드슬램Explorers Grand Slam을 달성한 고故 박영석 대장은 기네스북에 등재된 우리나라 최고의 산악인이었습니다. 우리나라 최초로, 그리고 세계 8번째로 히말라야 8천 미터 이상의 봉우리를 모두 정복한 그는 어떻게 그렇게 높은 산을 오를 수 있었느냐는 질문에 이렇게 답했습니다.

"1미터도 못 되는 걸음으로 아침부터 걸었더니 산을 세 개나 넘었어요."

작은 걸음이 모여 산을 넘게 됩니다. 천릿길도 한 걸음부터 시작하는 법입니다. 순자도 이런 말을 했습니다.

"아무리 뛰어난 천리마라도 한 번에 열 걸음씩 뛸 수 없고, 둔한 말이라도 열흘길을 갈 수 있는 것은 멈추지 않고 계속 가기 때문이다. 새기다가 멈추면 썩은 나무도 자르지 못하고, 새기는 것을 멈추지 않으면 쇠와 돌에도 새길 수 있다."

✸ 마음의 한계를 먼저 그어놓으면, 더 가고 싶어도 못 갑니다

"안 돼, 나는 할 수 없어."

"나란 인간은 정말 어쩔 수가 없다니까."

이런 부정적이고 자기 비하적인 말을 너무도 쉽게, 습관처럼 내뱉고 삽니다. 사람의 마음은 강력한 도구입니다. 하다못해 아주 뛰어난 성능의 자동차도 그 성능의 50% 이하로만 계속 사용하면 나중에는 진짜 성능을 발휘하지 못하게 됩니다. 이미 50%의 성능에 길들여지고, 한계가 정해져버린 것입니다.

과거에 연연하거나, 타인의 간섭과 조언의 한계에 갇혀버리거나, 내가 나의 능력에 한계를 정해버리면 성장하지 못하게 됩니다.

우리는 유리컵으로 막힌 공간을 뛰는 벼룩이 아닙니다. 무언가가 막혀 있어서 더 이상 뛰어오를 수 없다고 스스로 근육을 절단하고 뛰는 것을 단념하는 생명체로 태어나지는 않았습니다. 그럼에도 어떤 일이 자신의 능력 밖이라고 일단 확신하면, 그 후에는 스스로가 만든 장애물을 넘어서지 못합니다.

자신의 한계를 되풀이해서 얘기하는 습관을 버리십시오. 자기 비하를 하고 자기 저주를 하고 자기 절망을 하고 자기 한계를 명확하게 정해서 주저앉으려는 순간, 그것은 버려야 할 아주 나쁜 쓰레기에 지나지 않는다고 말할 줄 알아야 합니다.

✺ 마음이 하는 어리석은 짓을 막아보세요

"내 마음인데 내 마음대로 안 되네요"라는 말을 종종 듣습니다. 흔히 세상에 자기 뜻대로 되는 것이 없다는 것을 알려주려고 자식을 보낸다는 말도 있습니다. 그 자식만큼이나 내 뜻대로 안 되는 것이 내 마음입니다. 그리고 마음이 하는 일 중에서 가장 대표적인 어리석은 짓이 '소탐대실小貪大失'입니다. 어떻게 작은 것 탐내다가 큰 것을 잃을까요? 왜 작은 것을 얻으려고 큰 것을 잃는 사람들이 그리 많을까요? 작은 것은 눈앞에 있고, 큰 것은 멀리 있어서 보이지 않기 때문입니다. 사람은 아무리 작더라도 눈앞의 이익은 포기하기 힘들어합니다. 그래서 소탐대실하지 않으려면 넓고 크게 보는 안목과 지혜를 키워야 합니다.

✺ 마음의 변화가 필수입니다

장작이 불로 변하지 않는다면 더운 목욕물에 들어갈 수 없고,
음식이 뱃속에서 변하지 않는다면
영양을 섭취하면서 살 수 없다.
우리의 일상사에서 변화가 없이
긴요한 일이 이루어진 사례는 없다.

이것이 우리가 변해야 할 이유이기도 하다.

– 마르쿠스 아우렐리우스 『명상록』 중에서 –

변화는 항상 일어나고 있다.

변화는 치즈를 계속 옮겨 놓는다.

변화를 예상하라.

치즈가 오래된 것인지 자주 냄새를 맡아 보라.

변화에 신속히 적응하라.

– 스펜서 존슨 『누가 내 치즈를 옮겼을까』 중에서 –

서기 170년쯤 쓰인 『명상록』과, 1998년에 나온 『누가 내 치즈를 옮겼을까』 사이에는 1,800년이 넘는 간격이 있습니다. 그러나 변화의 순간에 슬기롭게 대처하는 지혜의 비결, 놓치지 말아야 할 인생의 지혜는 변함이 없는 것 같습니다.

✸ 마음의 중심을 잡으면 목표는 이뤄집니다

발레에서 무용수가 제자리에서 수십 바퀴를 도는 고난도 기술을 '휘떼'라고 합니다. 일반인들은 3~4바퀴만 돌아도 정신을 못 차립니다. 그런데 무용수 중에는 무려 30바퀴 이상을 돌 수 있는 사람도 있습니다. 그 사람은 어떻게 그런 일이 가능할까요? 답은 집중에 있습니다. 즉, 한 곳을 정한 후 그 한 곳만 응시하면 된다는 것입니다. 실제 '휘떼' 동작을 하는 무용수를 보면 머리가 먼저 돌아가지 않고 객석의 한 부분을 응시하다가 팔, 다리, 몸이 돌고 난 다음 머리가 제일 나중에 돌려집니다.

우리의 삶도 넘어지거나 비틀거리지 않으려면 선명한 목표를 잡고 돌 수 있는 '휘떼'의 기술이 필요합니다.

✺ 다른 사람의 마음을 들여다보면 입장立場이 보입니다

누군가를 이해하고 진정으로 사랑한다면 역지사지 입장을 바꿔 놓고 생각할 줄 알아야 합니다. 그래야 진짜 그 사람을 이해하고 공감할 수 있습니다. 세상에서 제일 재미있는 것이 불구경과 싸움 구경이라는 말이 있고, 남을 함부로 비판하거나 비난하는 것이 재미있다는 사람도 많습니다. 그러나 실제 남의 입장이 되어보지 못하면 그 사람의 생각과 고충을 알 길이 없습니다. 모르면 말하지 않는 것이 도리입니다. 하지만 사람들은 자기가 생각하는 것, 보는 것, 믿는 것만이 진실이라고 우길 때가 많습니다.

그래서 혀는 무서운 칼날이고, 한번 뱉은 말은 주워 담을 수 없다는 것입니다. 살면서 항상 다른 사람의 입장에서 헤아려보는 입장을 취합니다. 칭찬도, 격려도, 원망도, 증오도 결국 부메랑이 되어 내게로 돌아옵니다. 모든 관계의 갈등은 역지사지의 부족에서 생기고, 모든 인간의 공생도 여기에 답이 있습니다. 삶 속에서 일어나는 모든 일들은 나에게서 떠나 나에게로 돌아옵니다.

✸ 정말 중요한 것은 마음으로 보아야 합니다

"정말 중요한 것은 눈에 보이지 않는다. 마음으로 보아야 보인다." 생텍쥐페리의 『어린 왕자』에 나오는 말입니다. 이처럼 깊은 교훈이 담긴 짤막한 말, 늘 가까이 두고 새기고 싶은 말을 잠언箴言이라고 합니다. 짤막한 한 줄의 잠언은 때때로 한 권의 책보다 더 큰 깨달음을 주기도 합니다.

잠언이라고 할 때 '잠箴' 자는 대나무 죽竹 자와 모두 다 함咸 자를 합한 글자입니다. 함咸에는 '봉하다, 갇히다'라는 뜻이 있습니다. 옛날에는 떨어진 옷을 깁거나 자루를 꿰맬 때 대나무로 만든 바늘을 썼다고 합니다. 이 대바늘이 바로 '잠'입니다. 사람의 마음도 낡아 해지거나 구멍 난 곳이 있으면 끊임없이 자신의 잘못을

깁고, 터진 곳을 꿰매야 합니다. 그래서 '잠'에는 '경계한다'는 뜻이 담기게 되었다고 합니다.

종교를 떠나 성경의 잠언을 하루에 한 장씩 읽어보시기 바랍니다. 마음 깊이 성찰하고 인생의 참 지혜를 얻을 수 있습니다.

✸ 마음의 근력을 키우십시오

삶을 살아가면 백이면 백, 누구에게나 어려움은 닥쳐옵니다. 그러나 마음의 근력으로 어려운 역경을 얼마든지 이겨낼 잠재적인 힘이 우리 인간에게 있다고 생물학자, 심리학자, 의학자들은 한결같이 말합니다.

마음에도 근력이 있다는 것입니다. 대표적인 분이 바로 이순신 장군입니다. 백의종군을 하면서도 국가의 부름을 받아 모친상을 끝내기도 전에 다시금 해군의 전열을 다듬고 "아직도 저에게는 12척의 배가 있으니 적이 우리를 감히 함부로 여기지 못할 것입니다"라는 긍정과 희망의 메시지를 품은 것 하나만 보아도 얼마나 마음의 근력이 탄탄하고 회복력이 강한지를 가늠할 수 있습니다.

아무리 어려운 상황이라도 긍정과 희망으로 다시금 도전하는 정신이 마음의 회복탄력성입니다. 좌절하지 마십시오. 하늘이 무너져도 솟아날 구멍은 있습니다. 우리에게는 희망의 내일이 있습니다.

인간은 시각, 후각, 촉각, 미각, 청각, 생각의 6가지 감각이 있습니다.

이 감각의 시제는 다 현재입니다. 그러나 많은 사람들은 생각 속에 기억되어 있는 지각 속에서 과거와 현재, 미래에 갇혀서 현재를 충실하게 살지 못합니다. 현재를 살면 근심과 걱정이 없습니다. 현재에 사는 사람들은 지금에 충실하기 때문입니다. 그래서 과거에 대한 후회와 원망이나 미래에 대한 근심과 걱정이 없이 오롯이 현재의 6가지 감각을 충실하게 느끼고 현재만을 살기 때문에 현재가 가장 아름다운 순간으로 삶에 임합니다.

생각 속에 기억되어 있는 과거와 미래에 얽매이지 않고 현재의 삶에 충실해보십시오. 그 현재의 삶이 하나하나 쌓여 당신의 삶의 탑을 쌓게 되어 있습니다. 생각은 현재 일어난 경험 뒤에 따라오는 것일 뿐입니다. 그 생각을 어떻게 해석하느냐가 삶의 의식 수준입니다. 긍정을 선택하면 긍정적인 삶이 되고, 부정을 선택하면 힘든 삶이 되고 맙니다. 6감각의 현재 상태를 충실하게 느끼며 살아보십시오. 이 방법이 가장 잘 사는 방법입니다. "수고하고 무겁고 짐 진 자들아 다 나에게로 오라 내가 너희를 편히 쉬게 하리라." 이 말씀은 현재를 충실히 살고 모든 것을 하늘에 맡기면 하늘이 인도하는 삶의 신비를 경험하게 될 것이라는 뜻입니다.

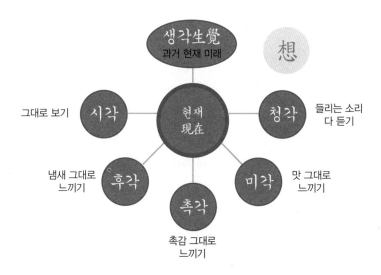

✴ 좋은 습관으로 나쁜 습관을 쫓아냅시다

틀에 박힌 사고방식은 결국 하나의 습관일 뿐입니다. 자신이 가진 수많은 습관 중에서 쉽고 편하게 하려는 나쁜 습관은 틈만 나면 좋은 습관을 밀어내고 그 자리를 차지하려고 합니다. 그러나 의식적으로 노력하면 좋은 습관이 나쁜 습관을 밀어내게 됩니다. 빗자루로 낙엽을 쓸어내듯이 계속해서 쓸어가야 합니다. 좋은 습관으로 나쁜 습관을 제압하고, 좋은 습관은 제2의 천성으로 아예 몸에 뿌리내리도록 노력하십시오.

매일 실천하는 습관의 힘을 키우기 위해서는 스스로 개선해서 몸에 배도록 만들어야 합니다. 나쁜 습관은 버리고, 좋은 습관은 더 좋게 만들어 장착합니다. 미룸과 게으름으로 뒤엉킨 마음의 밧줄은 과감히 끊어버립니다. 그것이 내 몸에 익숙해질 때까지, 숙련될 때까지, 전문가가 될 때까지 반복합니다.

긍정적이고 아름다운 언어 습관

예, 미안합니다. 용서해주세요. 사랑합니다. 고맙습니다. 수고하셨습니다. 정말 좋습니다. 참 잘했습니다. 축하합니다. 훌륭하십니다. 정말 최고이십니다. 저는 제 이웃을 위해 살리는 사람이 되겠습니다, 동료와 회사와 조직을 성공시키겠습니다. 제가 하겠습니다. 제 일입니다. 제 책임입니다. 제 탓입니다. 이런 내가 정말 좋습니다. 나는 나를 사랑합니다. 나는 행복합니다. 내가 내 삶의 주인입니다. 내 삶의 모든 일을 내가 책임집니다.

협력을 이끌어내는 태도 습관

다름을 인정합니다. 웃는 얼굴로 대합니다. 겸손하게 대합니다. 솔직하게 말합니다. 배려하고 존중합니다. 유머 있게 말하며 생활합니다. 즐거움을 함께 나눕니다. 상대방을 칭찬합니다. 어려움도 함께 나누며 돕습니다. 소리 내어 알리며 힘든 일도 열심히 합니다. 우리는 하나입니다. 우리는 운명 공동체입니다.

최고가 되는 배움 습관

매일 내 삶과 회사와 조직의 목표를 되새깁니다. 매월 내가 하고 있는 분야의 책 한 권을 읽고 배웁니다. 매월 국내 최고의 현장에 가서 보고 배우며 벤치마킹과 창조를 실시합니다. 매주 거래처에 가서 잘 보고 잘 듣고 배웁니다. 그 분야 최고의 전문가를 찾아가 배웁니다. 매년 세계 최고 전문가의 책을 읽습니다. 시대의 변화를 파악합니다. 내가 하고 있는 일의 전문가들과 네트워크를 만들어 지식을 교류하고 학습합니다. 매번 기록하고 분류하며 정리합니다. 평생 학습인이 됩니다. 지금 이 순간을 충실하고 정성스럽게 삽니다. 늘 지금 살아 있음에 감사합니다. 좋은 일에 쓰임받고 인류 발전을 위해 공헌합니다.

경쟁력을 키우는 업무 습관

일의 중요도와 긴급성과 위임의 우선순위를 정합니다. 사실과 생각을 분리할 줄 압니다. 내가 하고 있는 일을 주위 사람들과 조직원과 공유하고 협력을 구합니다. 중요한 일은 먼저 합니다. 보고서는 한 장으로 끝냅니다. 이메일은 즉시 회신합니다. 설명보다 토의하고 바로 결정합니다. 회의는 시간 내에 끝냅니다. 업무는 기간 안에 끝냅니다. 생각하고 기획하는 시간은 별도로 갖고 모두 실천하는 것에 집중합니다. 문제의 핵심 원인과 최선의 해결 방법을 조직원과 협업하여 찾아냅니다. 무슨 일을 하든지 내가 무엇을 도울까를 생각하고 협력합니다. 잘못된 업무는 숨기지 않고 진실하게 밝힙니다.

새로운 것을 만드는 창조 습관

무엇이든지 과학하고 탐구하는 마음으로 관찰합니다(格物). 고양이처럼 호기심과 궁금한 마음을 가집니다(猫心). 항상 문제를 찾습니다. 문제는 발전의 원동력이고 새로운 출발점입니다. 문제는 새로운 것을 할 수 있는 행운의 열쇠입니다. 언제나 새로운 것을 시도하고 깊고 넓고 높게 도전합니다. 자기 생각의 틀 밖으로 나가 생각하고 창조합니다. 어린이처럼 상상합니다. 바꾸어서 더 좋게 만듭니다. 포기하지 않고 집요하게 추진합니다. 문제를 해결하기 위해 하늘과 사람들에게 묻고 또 묻습니다.

최고의 행동 습관

항상 웃습니다. 친절하게 대합니다. 친절의 대가를 바라지 않습니다. 상대의 입장에서 생각합니다. 상대에게 배우며 상대의 말을 경청합니다. 상대가 무엇을 원하는지를 잘 파악합니다. 상대에게 지식과 정보를 공유합니다. 상대를 성공시키도록 돕습니다. 상대를 기다리지 않게 합니다. 지금 즉시 행동하며 살아갑니다. 내가 즐겁고 상대를 즐겁게 합니다.

내가 사는 것은 모든 것이 하늘의 은혜입니다. 늘 감사하며 살아갑니다. 하늘은 스스로 돕는 자를 돕는 법입니다.

✺ 부자들이 갖고 있는 좋은 습관은 무엇일까요?

존경받는 부자들의 공통점을 다룬 기사들이 종종 나옵니다. 30년 전에도 나왔고, 20년 전에도 나왔고, 1년 전에도 그런 기사가 나옵니다. 그때마다 공통되는 것이 있습니다. 어쩌면 국어, 영어, 수학 교과서 중심으로 예습·복습을 철저히 한 고득점 수능 수험생의 답과 다를 바 없어 보이지만, 변함없는 답이라면 분명 나쁜 습관은 아닐 것입니다.

정리하면 다음과 같습니다.

- 아침 일찍 일어납니다. 그만큼 여유가 생깁니다.
- 아무리 작은 것일지라도 약속을 지킵니다.
- 남에게 명령하지 않고 도움을 요청하거나 이끌거나 권유합니다.
- 좋은 일이거나 돈을 버는 일을 부끄러워하거나 두려워하지

않습니다.

- 모르는 것이 있으면 끊임없이 배우려고 질문합니다.
- 휴식을 잘 취합니다.
- 혼자 생각하는 시간을 별도로 갖고 정리하여 메모합니다.
- 좋은 이웃이 되고 쓰임받기 위해 관심과 사랑으로 돕는 방법을 찾습니다.

사소한 습관의 차이가 운명을 바꿉니다. 이사역명異쓰易命이라고 합니다. 수기안인修己安人, 모름지기 자신을 갈고 닦아서 다른 사람을 편안하게 해주는 것이 도의 목표입니다.

❖ 당신이 갖고 싶은 습관을 여기에 적어 보세요.

....
....
....
....
....
....
....
....

현재 나의 행복 그래프 그려보기

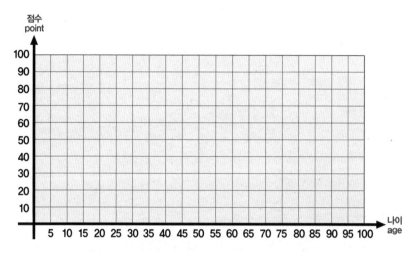

❖ 나의 나이에 기준을 두고 그 당시 행복 점수를 점으로 찍어서, 현재의 나이까지 선으로 이어봅시다.

미래의 내가 원하는 행복 그래프 그려보기

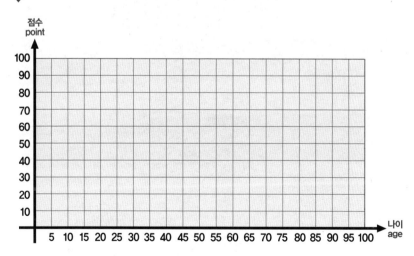

CHAPTER
06

부의 나침반
-지력智力-

역사를 더듬어보면 수렵어로의 유목민 사회에서 농업 시대와 산업 시대, 정보화 시대와 지식정보화 시대와 감성미학의 시대, 지식경영자의 시대, 지식창조가의 시대 등 지속적으로 변화하고 있음을 알 수 있습니다.

변화의 시대에 잘 적응하면서 살아남으려면 자신의 분야를 알아야 하고, 깨어있는 깊은 지식을 갖춘 전문가가 되어야 합니다. 변화하지 못하면 죽은 것과 다를 바 없고, 늦게 변화해도 도태되어 죽을 것입니다. 앞서 변화를 이끌어야만 살 수 있을 것이고, 개인과 조직과 나라의 운명을 유지시키기 위해 지속적으로 생존하려면 평생 학습과 배움을 게을리해서는 안 됩니다.

우리는 지금 이곳, 지구별에 평생 배우러 온 학생입니다. 이 시대에 맞는 지식과 정보를 습득해야만 쓰임받을 수 있고, 그 분야의 전문가가 되고, 사회적 지위와 존경과 그에 따른 부를 얻을 수 있습니다.

그래서 부의 나침반의 북쪽은 지력입니다.

✺ 삶에 물음이 생기면 스승을 만나야 합니다

산상수훈山上垂訓으로 잘 알려진 마태복음 7장에 기록된 내용은
다음과 같습니다.

구하라 그러면 너희에게 주실 것이요

찾으라 그러면 찾을 것이요

문을 두드리라 그러면 너희에게 열릴 것이니

구하는 이마다 얻을 것이요

찾는 이가 찾을 것이요

두드리는 이에게 열릴 것이니라.

'구하라'라는 말은 헬라어로 '아이테오αιτεω'라고 하는데 이 말은
'요청하라'는 뜻입니다. 삶에 물음이 생기면 멍하니 있지 말고 찾
고, 구하고, 두드려야 합니다. 이 모든 것은 요청하는 것입니다.
소크라테스가 위대한 것은 엄청나게 똑똑해서가 아니라, 자신의
무지無知를 깨달았기 때문입니다. 모르는 것은 자랑스러운 것이
아니라 자신에게 부끄러운 것입니다.

무엇을 모르는지 아는 것은 모르는 것이 아니라 모르는 것을 아
는 것이기 때문입니다. 모르면 질문을 가지고 묻고 또 물어 배워
야 합니다.

"관심과 호기심을 가진다는 것은 그 대상을 사랑한다는 것입니다."

그러므로 대상의 문제점을 발견하고 개선함으로써 탁월함Arete을 추구하기 위해서는 질문을 가져야 합니다. "질문의 힘은 사랑입니다." 질문하는 그 대상을 사랑하는 마음으로 지혜를 밝히는 철학적 물음을 가진 사람은 평생 학습인으로 지식이 축적되며 전문가가 되고 지성인이 되어 엔도르핀과 다이돌핀을 발산하며 신나고 행복하게 살 수 있습니다.

✵ 성공한 사람은 모두 멘토가 있습니다

「하버드 비즈니스 리뷰」에서는 성공한 모든 사람의 공통점으로 멘토가 있었다는 것을 듭니다. 전설이 된 애플의 CEO 스티브 잡스는 페이스북의 창업자인 마크 저커버그의 멘토였습니다. 페이스북이 초창기에 어려웠던 시절에 저커버그는 잡스를 찾아 도움을 청했고, 잡스는 그에게 자신이 영감을 받았던 인도의 사원을 찾을 것을 권합니다. 저커버그는 그곳에 머물면서 마침내 현재 기업가치 500조 원으로 평가받는 페이스북 미션을 구상해냅니다. 잡스가 세상을 뜬 후에 저커버그는 다음과 같이 애도의 글을 올렸습니다.

"스티브, 친구이자 멘토가 되어주셔서 감사합니다. 그리고 당신이 만든 것들이 세상을 변화시킬 수 있다는 것을 보여주셔서 감사합니다. 당신이 그리울 것입니다Steve, thank you for being a mentor and a friend. Thanks for showing that what you build can change the world. I will miss you."

멘토란 이렇게 누군가에게 도움이 되고 그를 살리며 기억되는 사람입니다.

✺ '지혜의 여신'이 곧 멘토입니다

풍부한 경험과 지혜를 겸비한 스승, 조언자, 안내자 등을 의미하는 '멘토'란 단어는 호메로스가 지은 『오디세이』에서 유래했습니다. 그리스 연합국 중 하나인 이타카 왕국의 왕인 오디세우스가 트로이 전쟁에 출정하기 전에 아들과 부인 그리고 자신의 가문을 지킬 보호자로 지명한 사람의 이름이 멘토Mentor였기 때문입니다. 하지만 실제로는 10년 동안 지혜의 여신 아테나가 멘토의 모습으로 현신하여 아버지의 대리인으로서 아들인 텔레마코스를 이끌고 가문을 보호해주었습니다.

그러니 멘토란 곧 지혜의 여신을 자신의 편으로 만드는 것을 뜻합니다. 우리의 인생에서 멘토를 만난다는 것은 엄청난 행운입니다. 개인의 인생이나 사업에 결정적인 영향을 미치는 중대한 결정을 할 때, 경험과 식견을 가진 멘토의 조언이 인생 자체를 바꿀 수 있기 때문입니다.

잭 웰치가 GE의 회장이 된 직후 피터 드러커를 만나 GE의 사업 포트폴리오를 어떻게 하는 게 좋을지를 물었습니다. 멘토인 피터 드러커는 화두를 던지고, 이에 잭 웰치는 핵심 사업에만 집중하고 나머지는 모두 '정리하라, 고쳐라, 매각하라, 아니면 폐쇄하라!'는 경영 전략과 '6시그마, e비즈니스 · 세계화' 전략으로 GE를 혁신해 세계 최고의 기업으로 성장시켰습니다.

✺ 내가 무지함을 인정해야 멘토가 나타납니다

인생에서 훌륭한 멘토를 만나는 것은 운명일까요, 희망 사항일까요? 훌륭한 멘토는 어느 날 갑자기 나타나는 존재가 아닙니다. 자신이 의식적으로 끊임없이 노력하여 찾아내야 하는 것입니다. 그리고 이러한 노력은 겸손함과 자신의 무지를 인정하는 것에서 출발합니다. 마크 저커버그와 잭 웰치가 돈이 없거나 배움이 부족해서 누군가에게 조언을 구하고, 의견을 묻고, 도움을 청한 것이 아닙니다. 혼자 힘으로는 크게 부족하다는 것을 깨닫고, 멘토의 역할과 가치를 명확하게 인식했기 때문에 그들 곁에 진정한 멘토가 나타난 것입니다.

그러니 늘 주변을 살펴서 적합한 사람을 찾으면, 친분이 별로 없더라도 과감하게 멘토가 되어달라고 요청하는 적극성이 필요합니다. 그리고 자신의 무지함을 깨끗하게 인정할 때 비로소 어두웠던 등잔 밑이 환하게 밝아지면서 멘토가 등장해 도와줍니다.

✧ 지혜를 전하고 화두를 던지는 만남은 모두 스승입니다

우리는 공자, 석가, 소크라테스, 예수와 같은 성현聖賢도 만나고, 영적 지도자인 구루Guru도 만나며, 경영 문제 분석, 시스템 개선을 권하는 컨설턴트Consultant도 만납니다.

경기를 승리로 이끌어 주거나 기술을 전승하는 코치Coach도 만나고, 학점과 학위, 입시와 진학, 각종 시험을 이끄는 교수Professor와 선생님Teacher도 만납니다.

크건 작건, 어떤 분야건 우리는 스승을 만납니다. 증자와 안회도 공자를 만났고, 가섭도 석가를 만났습니다. 갈릴리 호수에서 물고기를 잡던 베드로도 동생 안드레아, 야고보, 요한 등과 함께 스승인 예수를 만나 사람을 낚는 어부가 되었습니다. 우리는 만나야 합니다. 만나서 물어보고, 따라가고, 넘어가야 합니다.

지금 당신의 스승은 누구입니까? 당신이 만나는 모든 스승과의 관계가 당신 삶의 수준이 되고 미래가 됩니다.

공부工夫해서 공부가 됩시다

공부工夫라는 글자의 工공은 孔공 · 空공과 음音이 같아서 '구멍
→ 구멍을 뚫다 → 꿰뚫고 빠져나간다'는 뜻을 가지고 있습니다.
따라서 막힘없이 시대의 흐름을 따라서 앞으로 나아가는 것을 말
합니다.

'夫'는 지아비 부로 흔히 남편을 뜻하는 말로 알고 있지만 사내,
장정, 일꾼, 노동일을 하는 남자는 물론 그보다도 높은 의미인 선
생, 사부의 뜻을 가지고 있습니다. 大대는 사람, 어른, 훌륭한 사람
을 나타내는 글자였고, 夫부는 상투一를 튼 어엿한 장부丈夫를 말
했기 때문입니다. 그러니 공부한다는 말은 막힘없이 높은 선생을
만나서 그 길을 따라간다는 말이며, 이 시대의 모든 도구와 기술
을 익히고 자기 분야의 전공을 살려 지식을 습득하여 전문가 되는
것을 말합니다.

공부한다는 것은 모든 무지에 대한 해방을 뜻합니다. 체력, 심
력, 경제력을 키우는 것도 역시 지력이 기본이 되어 축적되어야만
부자로 건너갈 수 있는 다리가 만들어집니다.

각 분야의 지식을 배우기 위한 독서는 지력의 기본입니다. 하지
만 우리는 이처럼 중요한 공부를 그냥 평면적으로 하고 있습니다.
책을 읽지도 않지만, 읽는다고 해도 그것으로 끝입니다. 책을 읽
으면 의문이 생기고 질문이 일어나지 않습니까? 그렇다면 전문가

를 만나 배워야 합니다. 여러분은 의문이 생기고 질문이 일어나서 전문가를 만나러 간 적이 있습니까? 그리고 그 분야의 전문가는 몇 명이나 알고 있고, 수시로 만나고 관계하고 있습니까?

고민이 생기면 고민을 해결할 때까지 찾아가는 것이 진짜 공부입니다. 여러분은 자기가 하고 있는 분야의 서적은 몇 권이나 읽으셨습니까? 자기 분야의 전문 서적 30권만 읽어도 전문가가 되고, 300권을 읽으면 국내 최고의 전문가가 되며, 3,000권을 읽으면 세계적인 전문가가 됩니다.

✺ "내가 다 아는데~"라는 사람과 만나지 마세요

부자는 계속 배우고 발전하는 사람입니다. 가난한 사람은 이미 다 안다고 생각하거나, 혹은 더 배운다고 해서 변하는 것이 없다고 생각하는 사람입니다. 세상에서 제일 위험한 문장은 "난 다 알아"입니다. 정말로 다 안다는 것은 아는 대로 살아가겠다는, 과거의 지식에 기반을 두고 산다는 뜻입니다. 듣고 읽고 말하지만 그대로 행동하지 못하면 아직 아무것도 모르는 것입니다.

그래서 다 알고 있다는 태도에서 다 배우겠다는 태도로 바꾸고 실제 그렇게 살면 세상이 바뀌고 부자의 길로 접어들 수 있습니다. 가난한 사람은 하늘이 무너져도 자신이 옳다고 믿고 그것을 억지로 증명하려고 고집을 부립니다. 고집을 멸하는 것이 진정한 도입니다苦集滅道. 예전 방식을 지키면서 다음 세상을 향해 갈수는 없습니다. 계속 배우고 계승 발전해나가는 것이 중요합니다. 세상은 정지되어 있는 것이 아닙니다. 생명이 있는 것뿐만 아니라 세상의 모든 것은 끊임없이 변화와 진화를 통해 발전해갑니다. 늘하던 일을 그대로 하면 늘 그만큼만 가지고 점차 시들게 됩니다.

✼ 부자들을 돕는 3명의 멘토가 있습니다

사람들은 멘토가 대단한 사람이어야 한다고 믿어서 그렇게 찾는 경향이 있습니다. 그런데 멘토는 그렇게 찾기가 거의 불가능합니다. 왜냐하면 이미 이런 수준 이상의 멘토여야만 한다는 일종의 벽을 만들어버렸기 때문입니다.

하지만 실제 부자들의 멘토는 보다 가까이 있습니다. 제일 먼저 역사 속 인물이거나 유명인입니다. 직접 만나지는 못하고 책 등을 통해 접한 이런 사람들의 체험과 사고방식이 인생에 커다란 영향을 미치는 것입니다. 부자가 되기 위해서 독서가 필요한 것은 이런 이유도 있습니다. 다음 멘토는 같은 일을 하고 있는 선배와 동료입니다. 마지막은 가까운 곳에 있는 사람들인 부모, 배우자, 친구 등입니다. 등잔 밑이 어둡다고, 가까이 있는 훌륭한 사람을 놔

두고 멀리서 그럴듯한 사람을 찾는 것은 어리석은 짓입니다.

부자들은 무엇에서건 배우려고 합니다. 자유로운 발상과 세대 차이에서 오는 행동의 차이도 배우려고 하고, 가르침을 청할 상대로 여겨지지 않는 사람들까지도 반면교사의 멘토로 삼아 배우려고 합니다. 배우는 것이 지식을 축적시키고 부를 축적하는 길임을 알기 때문입니다.

✦ 시대의 흐름을 읽는 것이 부富의 지력입니다

돈은 '쫓는 것이 아니라 받아들이는 것'이라는 말이 있습니다. 돈의 다리는 세 개 혹은 네 개입니다. 즉 우리가 돈을 잡으려고 시속 20km로 전력질주를 한다고 해도, 말馬의 속도인 시속 60~79km로 달리는 돈의 꼬리도 쳐다보기 힘들 겁니다. 대신 돈의 흐름이 어느 방향을 향하고 있는가를 알아채고 그곳에 먼저 가서 기다리고 있으면 힘들이지 않고도 돈이 '어! 여기 벌써 와 있었네?' 하면서 순순히 흘러들어 옵니다. 부자가 돈을 버는 것은 매일매일 눈뜨면 일어나서 그날의 사냥감을 허겁지겁 뒤쫓는 수렵 행위로 얻어진 결과물이 아닙니다. 부자는 시대와 경제의 흐름을 파악하고, 시간을 들여 재력을 키우는 지식과 정보를 배우며, 다가올 미래에 필요한 것을 준비합니다. 당장 눈앞의 이익에만 정신을 팔면 어느 정도 거둘지 모르지만 다음에는 수확량이 떨어집니다. 따라서 장기적인 관점에서 사물과 현상을 보고 시대의 흐름을 읽어서 돈이 어디로 향하고 있는지 신중하게 판단합니다. 정보와 판단, 그리고 이 모든 것에 대한 지력을 발휘해서 통찰하는 것이 곧 부자로 가는 길입니다. 돈도 사랑받고 싶고 좋은 곳에 쓰임받고 싶은 에너지입니다.

✵ 큰 바위 얼굴의 여섯 가지 비법을 알려드립니다

『큰 바위 얼굴Great Stone Face』은 『주홍글씨』로 유명한 미국 작가인 너새니얼 호손이 1850년 발표한 단편 소설입니다. 주인공인 어니스트는 얼굴 모양의 바위산을 보며, '언젠가 저 바위산과 닮은 얼굴의 위대한 인물이 등장할 것이다'는 전설을 굳게 믿었습니다. 어린 시절부터 청년, 장년, 그리고 노년에 이르기까지 평생을 살면서 큰 바위 얼굴과 닮은 인물이 나타나기를 기다립니다. 그리고 어느 날 자신이 바로 그런 큰 바위 얼굴을 닮았음을 알게 된다는 내용입니다. 현실의 부, 권력, 명예 등을 가지려면 그보다 먼저 끊임없는 자기 반성과 성찰을 바탕으로 사람들에게 사랑과 지혜를 가르치는 인물이 되어야 합니다. 그런 뜻을 담아 나의 별명같이 붙여진 호가 대암大巖, 즉 큰 바위입니다.

제가 지금까지 살아오면서 세상을 판단하고 문제를 해결하기 위해 깨달은 '육비법六備法', 여섯 가지 대비하는 방법은 다음과 같습니다.

- 견見: 지금 현재 일어나는 상황이나 일을 잘 보고합니다.
- 상想: 현재 현장에서 일어나는 문제를 해결할 방법을 생각해 봅니다.
- 학學: 최선의 해결 방법을 위해 자문을 구하거나 배웁니다.
- 지知+智: 배운 것을 정리하고 더 좋은 방법의 지혜와 지식을 추가합니다.
- 측測: 정량적으로 객관적으로 확률적으로 계산하고 측정해 봅니다.
- 비備: 단기적인 것을 즉시하고 미래에 일어날 일을 대비하고 예비합니다.

이것이 유비무환有備無患입니다.

학문을 하는 것은 현재는 물론 다가올 미래를 대비하고 예측하기 위해서입니다. 율곡의 십만양병설이 그렇고, 이순신 장군의 24전 24승, 지피지기면 백전불패, '이기고 싸운다'라는 필승 전략이 또한 한 가지로 꿰어 설명할 수 있습니다.

――――――― 큰 바위 얼굴 ―――――――

성공했다는 사람들

삶의 비결이 무엇인지 배우기 위해

돈을 따라 사업가도 만나보고

힘과 권력을 따라 정치인도 만나보고

용감한 장군도 만나보고

지식이 많은 철학자도 만나보고

감성 깊은 시인도 만나보았지만

그 어디에도

삶의 정답은 없었다.

세상 밖에서

내 마음의 본향으로 돌아와 보니

내 삶이 진리이고

큰 바위 얼굴이 되었다.

✦ 지력이 낳은 지혜는 전혀 다른 결과를 만듭니다

인간과 침팬지는 지금으로부터 약 500만 년 전 공동 조상에서 갈라졌다고 보고 있습니다. 인간과 침팬지의 DNA는 99% 일치하며, 과학자들은 인간과 침팬지의 차이가 고작 2%라고 합니다. 하지만 우리가 보기에는 너무나 차이가 납니다. 생김새에 대한 것보다 더 큰 의문은 언어, 생각, 행동을 결정하는 지식과 지혜입니다.

어느 기업의 최종 면접에서 다음과 같은 질문이 나왔다고 합니다.

"당신은 지금 폭풍우 속을 운전하고 있습니다. 그런데 도중에 세 사람을 만나게 됩니다. 그들은 과거 당신의 목숨을 구한 의사, 몸이 심하게 아파서 당장 병원으로 데려가야만 하는 할머니, 당신이 꿈에도 그리던 이상형의 여인입니다. 하지만 차에는 운전자를 포함해서 오직 세 사람만 탈 수 있습니다. 어떻게 하겠습니까?"

정답은 의사에게 자동차 키를 건네주고 할머니를 병원에 모셔다 드리도록 부탁하는 것입니다. 그리고 자신은 이상형의 여인과 함께 우산을 쓰고 버스를 기다리거나 콜택시를 부르는 것입니다. '세 사람만'이란 함정과, 반드시 '내가 운전해야 한다'는 관점을 벗어나야 합니다. 이것은 판단과 생각, 고민과 경험의 총합이라고 할 수 있는 지혜가 없다면 풀기 힘듭니다. 물론 침팬지는 먹고 노는 데 관심이 있지, 이 문제를 절대 풀 수 없습니다. 바로 인간과 침팬지의 차이는 생각하는 능력입니다. 호모 사피엔스의 어원도 그래서 라틴어로 '지혜가 있는 사람'이라는 뜻이며, 한국어로 '슬기 사람'으로 번역됩니다. 인간의 생각하는 능력, 그 지력이 지금 현재의 발전된 문명까지 이끌어낸 것이고, 미래 사회의 문명을 발전시키고 만들어갑니다.

✸ 남의 지혜를 무시하지 마십시오

한나라의 정승이 현자에게 찾아와서 고민을 말합니다. 자기 왕이 말馬 경주를 좋아하는데 꼭 내기를 한답니다. 자기가 많은 돈을 잃었는데 이길 수 있는 방법이 없느냐고 물었습니다. 그래서 현자는 경주 방식이 어떻게 되느냐고 묻습니다. 왕과 정승이 가진 말 중에서 제일 잘 달리는 순서대로 1등 2등 3등 세 마리 말을 뽑아 한 마리씩 내보내서 경주를 하는데 꼭 간발의 차이로 진다고 대답했습니다. 그러자 현자는 비법을 전해줍니다.

"이번에는 왕과 경주할 때 당신의 전 재산을 걸어라! 그리고 첫 번째로 잘 달리는 말과 경주할 때에는 당신의 말 중에 세 번째 잘 달리는 말을 출전시켜라! 당연히 질 것이다. 그러나 왕의 두 번째 잘 달리는 말에는 정승의 첫 번째 잘 달리는 말을 출전시키면 이길 것이다. 그리고 세 번째 말에 당신의 두 번째 잘 달리는 말을 내보내면 당신이 결국 이길 것이다."

그대로 했더니 정승이 이겼습니다.

나보다 더 나은 지혜와 조언은 잘 받아들이고 참고해 결정해야
합니다. 캘리포니아에 있는 호텔에서 생긴 일입니다. 오래된 이
호텔을 증축하면서 새로운 엘리베이터가 필요하게 되었는데, 뛰
어난 기술자와 건축 전문가들이 모여 여러 가지 계획을 토의한 결
과 층마다 엘리베이터를 설치할 공간의 방을 없애고 맨 아래 층과
맨 위 층에 지지 축대를 만들기로 합니다. 당연히 이 계획은 돈이
많이 들 뿐만 아니라, 각 층의 방을 하나씩 없애야 하는 등 손실도
컸습니다. 이 결정이 최선이라고 참석한 전문가들이 만족해하며
문을 열고 나서려는 순간, 우연히 호텔의 경비원 겸 청소부가 하
는 말을 듣습니다.

"엘리베이터를 건물 밖에 설치하면 되잖아?"

이 작은 말 한 마디에, 회의에 참석했던 모든 전문가가 놀랐습
니다. 지금 전 세계의 호텔과 백화점에서 옥외 엘리베이터를 사용
하고 있습니다.

다른 예를 하나 더 들어보겠습니다. 치약과 샴푸를 파는 회사의
회장이 매출을 20% 상승시키라고 지시했습니다. 대표는 그 목표
를 달성해야만 했습니다. 많은 임직원들과 회의를 했지만 해결이
쉽지 않았습니다. 그런데 우연히 생산직 여공이 "그거 쉬운데요.
많이 쓰게 하면 되잖아요. 나오는 구멍을 크게 뚫어요!"라고 말한

것을 대표가 들었습니다. 치약 나오는 곳과 샴푸의 구멍을 넓혀서 많이 나오게 만들었더니 목표 매출을 추가 달성했다는 것입니다. 사소한 말이라도 지혜가 숨어 있기에 깨어서 들을 수 있는 귀가 있어야 합니다.

✸ 지력을 갖춘 사람이 되는 일곱 가지 방법

① 자기보다 현명한 사람이 있을 때에는 침묵합니다.

② 상대방의 이야기를 끊지 않습니다.

③ 대답할 때는 부끄러워하거나 당황하지 않습니다.

④ 항상 적절한 질문을 하고, 조리 있는 대답을 합니다.

⑤ 급한 것을 먼저하고, 뒤에 해도 무방한 것을 마지막에 합니다.

⑥ 모를 때는 모른다고 정직하고 확실하게 인정합니다.

⑦ 모르는 것을 솔직하게 인정하고 배우기 위해 질문을 던집니다.

이상은 『탈무드』에 나오는 말을 상황에 맞게 조금 다듬어본 것입니다. 여기에 덧붙여 7가지를 모두 행할 수 있다고 하더라도 겸손해야 하는 마지막 과제가 남았다고 생각합니다.

다윗 왕이 어느 날 궁중의 보석세공사를 불러 반지를 만들라는 주문을 합니다. 그런데 전쟁에서 승리하거나 위대한 일을 이루었을 때 반지에 적힌 글을 보고 우쭐해하지 않고 겸손해질 수 있어야 하고, 절망에 빠졌을 때는 용기를 주는 글이 들어가야 한다는 조건을 달았습니다. 고민하던 세공사는 솔로몬 왕자를 찾아가 조언을 구합니다. 그리고 솔로몬은 이런 말을 남깁니다.

'이것 또한 지나가리라.'

✸ 화분을 벗어나 대지에 뿌리내린 지력을 가지세요

지식에는 무 지식, 부분지식, 오류지식, 바른지식 4가지가 있습니다. 내가 무엇을 모르는지도 모르는 것을 우리는 무지식이라고 합니다. 부분 지식과 잘못된 지식을 가지고 무조건 옳다고 주장하는 오류 지식에 빠진 사람도 있습니다.

부분과 오류지식을 가지고 옳다고 주장하는 사람은 그 순간 무지식에 빠지고 맙니다. 내가 아는 지식은 나의 생각일 뿐이고, 올바른 지식이 될 수 없습니다. 자기가 가진 지식만을 주장하는 것은 바다를 두고 우물에 갇혀 모든 지식을 습득했다고 하거나, 화분에 심어진 채 그 땅이 세상의 흙 전부인양 인식하는 것에 불과합니다. 내 생각과 지식은 처음부터 대지大地가 되지는 못합니다. 처음에는 아무리 커봐야 화분 속에 있는 화초이고 그만큼만 자랍니다. 다른 지식과 영양분을 받아들이기 위해서는 대지의식으로 나아가야만 합니다. 그래야 자연스럽게 이 대지와 자연이 나를 성장하게 만드는 이치 속으로 들어가게 됩니다. 대지로 의식을 전환해 더 많은 것들과 네트워킹을 통해 소통하고 관계하며 새로운 지식을 받아들이는 출발점에 서야 합니다. 내가 가지고 있는 지식이 무지식, 부분 지식, 오류 지식일수도 있다는 사실을 적극적으로 받아들이고 제로베이스에서 출발하려는 토대가 '바른 지식'의 출발점입니다.

✺ 철학은 지혜를 사랑하며 배우는 것입니다

지식은 지혜로 가기 위한 출입구와 같습니다. 자연의 이치와 질서 원리 등 본질을 이해하고 자기 학습과 지식을 합성하여 융합시키고 이해력과 문제 해결 능력을 키워서 예견豫見하고, 예상豫想하고, 예학豫學을 하고, 예지豫知하고 예지豫智를 더해 예측豫測하고, 예비豫備하는 단계까지 가는, 지혜의 밝은 길을 향한 관문과도 같습니다. 최선을 다하는 지혜로 가야 참다운 지력이라고 할 수 있습니다.

그런데 지식을 배우며 몸과 지식과 생활을 일치시키지 못하는 지금의 삶과 현실의 교육을 보면 안타깝기만 합니다. 외워서 아는

지식도 중요하지만 삶은 외워서 적용할 수 있는 낮은 수준의 세계
는 아닙니다. 지금 웬만한 지식은 인터넷의 지식 검색을 통해 바로
알 수 있습니다. 누가 그것을 잘 찾는가가 지혜는 아닐 것입니다.

철학은 지혜를 사랑하는 것이며 배우는 것입니다. 생각과 생각
이 절박함과 절실함을 만나서 통합과 창조의 지혜가 나오고, 이를
발견하는 카타르시스를 경험하는 것이 지성인과 철학하는 사람이
추구해야 할 모습입니다. 지식은 남이 아는 것을 내게 전달한 것
에 불과합니다. 그것을 외운다고 해도 한 걸음도 더 앞으로 가지
는 못합니다. 자기가 고뇌하고 걸어서 비로소 걷는 한 걸음이 생
기고 이 한 걸음이 더 나아가 새로움을 더하는 과정 과정이 나에
게 진짜 중요한 가치이며 참다운 지적 자산이기 때문입니다.

※ 아는 만큼 보이고, 보이는 만큼 관계할 수 있습니다

미래학자인 앨빈 토플러는 21세기에 나타나는 문맹은 문자를
못 읽고 못 쓰는 사람이 아니라, 낡은 지식을 버리지 않고 끊임없
이 재학습하지 않는 사람이 될 것이라고 했습니다. 과거에 가난을
떨쳐버리기 위해서 공부했다면, 미래도 마찬가지입니다. 공부하는
사람만이 부자가 될 수 있습니다. 알아야 합니다. 알아야 보이고,
보이는 것이 있어야 가질 수도 있습니다. 과거 입력된 지식을 외

우고 암기하고 기억해서 출력되는 문제를 푸는 단순한 방법으로는 눈앞의 것만 겨우 보는 오리무중五里霧中의 삶을 살게 됩니다.

소견다괴少見多怪는 '견문이 적으면 괴이한 일이 많다'라는 의미로, 견문이 좁은 것을 비웃는 말입니다. 옛날에 한 선비가 등에 커다란 혹이 두 개 난 짐승을 보고 매우 이상하게 여겨 사람들에게 큰 소리로 말했습니다.

"여러분, 빨리들 와서 등에 혹이 난 이 말을 좀 보시오."

사람들은 그 선비를 보고 웃었습니다. 그 짐승은 말이 아니라 낙타였기 때문입니다. 선비는 낙타를 본 적이 없어 그 생김새를 모르고 있던 것입니다. '견문이 적으면 괴이하게 여기는 것이 많으니 낙타를 보고 말 등에 혹이 났다고 한다'는 말은 여기서 나왔습니다. 여러분은 혹시 낙타를 말이라고 여긴 적은 없습니까?

✺ 무엇을 조금 아는 사람이 항상 시끄럽게 말을 합니다

배운 뒤에야 부족함을 안다學然後知不足고 했습니다. 아무것도 하지 않으면 자신이 부족한 것을 모릅니다. 배우면 배울수록 부족함을 알아 더 배우려는 노력을 기울이게 되는 것이 당연한 이치입니다. 부족함을 모르고는 훌륭한 사람이 될 수도 없고, 부자가 될 수도 없습니다.

『탈무드』에는 '바닷속에 완전히 가라앉아 버린 배는 항해하는 다른 배에 장애물이 되지 않는다. 그러나 절반쯤 잠긴 배는 다른 배에 장애가 된다'는 구절이 있습니다. 무언가 가득 들어 있는 항아리가 반쯤 들어 있는 항아리보다 움직이기가 쉽습니다. 빈 깡통은 흔들어도 소리가 나지 않고, 속이 가득 찬 깡통도 소리가 나지 않습니다. 요란스럽고 시끄러운 소리가 나는 깡통은 무언가 어설프게 조금 들어 있는 깡통입니다. 사람도 마찬가지입니다. 무엇을 조금 아는 사람이 항상 시끄럽습니다. 그리고 어리석습니다. 이 적당히 어리석은 사람은 실제로는 완전히 어리석은 사람보다 더 어리석습니다.

✦ 새로운 것을 배우면 기쁩니다, 기쁘면 행복한 일이 생깁니다

學而時習之 不亦說乎
배우고 때때로 그것을 익히면 매우 기쁘지 않겠는가?

공자의 기쁨에는 늘 새로울 신新 자가 있습니다. 새로운 것을 배울 때 신이 나서 기쁘게 됩니다.

有朋自遠方來 不亦說乎

벗이 있어 먼 곳으로부터 찾아왔다면 매우 즐겁지 않겠는가?

당시에는 새로운 지식과 정보는 먼 곳에서 왔습니다.

人不知而不慍 不亦君子乎

사람들이 알아주지 않는다고 하더라도 성내지 않는다면

매우 군자다운 것이 아니겠는가?

나만이 가는 길이 기쁨이고 진리이고 가장 소중한 인생길입니다. 공자의 가르침을 공자의 손자인 자사를 거쳐 맹자에게 전한 증자는 이런 말을 남겼습니다.

"나는 날마다 세 가지로 나 자신을 반성한다.

첫째, 남을 위해 행동함에 있어 정성이 부족하진 않았는가?

둘째, 벗을 사귐에 있어서 신뢰 없는 행동을 하지는 않았는가?

셋째, 제대로 익히지 못한 것을 남에게 가르치지는 않았는가?"

제대로 배우고 익히는 것은 분명 기쁜 일입니다.

✳ 부자가 되려면 나를 알고 남을 알아야 합니다

흔히 '적을 알고 나를 알면 백번 싸워도 위태롭지 않다'라고 합니다. 전쟁이건 어떤 일에서 승리하거나 좋은 결과를 거두려면 남도 알아야 하고 나도 알아야 한다는 말이 됩니다. 노자老子는 두 한자로 이 문제를 풀고 있습니다.

'남을 아는 것은 지知, 나를 아는 것은 명明이다.'

학창 시절 어려운 수학 문제를 풀기 위해서 '알려고' 노력한 기억이 있을 것입니다. 문제 해결을 위해 노력을 아끼지 않습니다. 그러다가 마침내 풀어내면 기뻐서 한순간 머릿속이 '밝아지는' 것을 경험합니다. 밝다는 것은 눈에 훤히 보인다는 뜻으로 총명聰明하다는 것입니다. 자기 앞이 밝고 자신이 밝아야 어두운 세상에 자신을 등불 삼아 앞으로 갈 수 있습니다.

'인간人間'이라는 한문을 파자해 보면 사람이 밝은 햇빛의 문으로 들어가는 것입니다. 빛의 문으로 들어간다는 것은 지혜를 얻기 위해 배움을 밝히는 철학哲學의 문으로 들어가는 것입니다.

✳ 1과 1,000의 차이를 만드는 지력의 힘

빗을 만드는 회사에서 신입사원을 뽑았습니다. 빗 만드는 회사가 갑자기 호황을 맞을 일은 없을 것입니다. 그런데 경기가 좋지 못하다 보니 지원자가 많았습니다. 무려 500명이나 왔습니다. 회사 담당자는 모두에게 빗을 하나씩 나누어 주고는 어떤 방법으로건 스님에게 팔고 그 증거를 가지고 오라고 했습니다. 시간은 일주일이 주어졌습니다. 490명은 그 말을 듣고는 회사를 나오면서 빗을 쓰레기통에 바로 던져버립니다. 머리카락 하나도 없는 스님에게 무슨 수로 빗을 팔라는 말인가 생각하면서요. 일주일이 지났습니다. 세 사람이 회사로 돌아와서 최종 면접관 앞에 섰습니다.

첫 번째 사람은 10개를 팔았습니다. "저는 스님들에게 가지고 다니면서 머리가 가려울 때 긁기 좋고 부드럽다고 말했습니다."

두 번째 사람은 100개를 팔았습니다. "저는 신도들을 위해 빗을 법당 앞에 비치하면 좋을 것이라고 설득했습니다."

세 번째 사람은 1,000개를 팔았습니다. "1,000개 더 주십시오. 아니, 아예 특허등록을 합시다. 저는 신도들이 항상 마음을 단정히 빗으라는 의미로 '마음을 빗는 빗'이라고 새기고 절에서 선물로 사용하도록 했습니다."

✦ 지식의 필연적인 다음 연결은 행동입니다

요즘 TV나 유튜브를 통해 강연 문화, 스토리텔링과 같은 개념이 널리 퍼져서 남의 이야기를 들을 수 있는 기회가 예전과는 비교도 할 수 없을 정도로 많아졌습니다. 분야도 동기부여, 비즈니스, 자기관리, IT, 생활, 인문학, 문화, 교육, 투자, 부동산, 경매, 재테크 등 헤아릴 수 없이 다양합니다. 그런데 그런 뜨거운 열기를 가득 담은 이야기, 가슴 뛰는 이야기를 듣고 난 다음 바로 그 내용과 관련된 것을 공부하는 사람은 과연 몇 명이나 될까요? 바로 서점으로 달려가 책을 사거나, 은행으로 달려가서 저축 상품을 알아보거나, 미루고 미루었던 어떤 시험공부를 시작하거나, 꿈꿔 왔던 공간을 향해 바로 비행기 표를 끊는 사람은 과연 몇 명이나 될까요? 행동력이 왜 중요한가 하면 앞으로 나아가기 때문입니다. 만약 지식만으로, 지혜가 있다는 것만으로 성공하고 부자가 될 수 있었다면 책을 가장 많이 보고 독서를 가장 좋아하는 사람이 가장 빨리 성공하는 부자가 되었을 것입니다. 그러나 실제로는 그렇지 않습니다. 성공하기 위해서, 부자가 되기 위해서는 지식과 지혜를 꽃피우는 행동이 반드시 뒤따라야 합니다.

아는 것과 직접 가서 본 것의 차이는 분명히 있습니다. 백문이 불여일견이요, 천사불여일행千思不如一行이라고 했습니다. 천 개의 생각보다 단 한 번의 행동이 더 큰 이유가 분명 있습니다.

✼ 남는 것이 시간입니다

흔히 책을 읽으라고 하거나 운동을 좀 하라고 하면 들려오는 가장 많은 대답이 "정말 하고는 싶은데 시간이 없다"는 것입니다. 하기 싫고 시간이 없다는 것도 아니고, 시간이 있지만 하기 싫다는 것도 아닙니다. 그런데 그 시간은 누가 주는 것이 아닙니다. 자신의 시간입니다. 그러니 탓을 하자면 하지 않는 자신에게 문제가 있습니다. 시간은 고무줄 같아서, 늘여서 쓰는 사람은 최대한 늘여서 쓰고, 그러지 않는 사람은 딱 그 길이로만 쓰고 삽니다.

고사성어에 '세 가지 남는 시간에 독서를 한다三餘讀書'는 말이 있습니다.

중국 삼국시대에 동우董遇라는 사람이 노자와 좌전을 깊이 연구해 정통했다고 합니다. 누군가 그에게 배움을 청하자 "먼저 책을 백 번 이상 읽어야 한다. 그러면 뜻이 자연스럽게 분명해질 것이다"라고 말했습니다.

그럴 시간이 어디 있느냐는 그 사람에게 동우는 '삼여三餘'의 시간을 이용하라고 가르쳐줍니다. 여기서 삼여란 '겨울, 밤, 흐리고 비 오는 날'이라고 풀이하고 있습니다. 흔히 농경사회에서 겨울과 밤, 흐리고 비 오는 날에는 밖에 나가 일하지 않기 때문에 시간이 남게 마련이란 것입니다. 요즘이라고 삼여가 없겠습니까. 찾으면 삼여가 아니라 백여도 생깁니다. 하지만 요즘은 틈만 나면 핸드폰에 빠져 많은 시간을 낭비하게 됩니다. 항상 문제는 백여가 있어도 배움의 시간으로 행동에 옮기지 않는 사람에게 있습니다.

글을 읽어도 성현을 보지 못한다면
지필紙筆의 종이일 뿐이고,
벼슬자리에 있어도 백성을 사랑하지 않는다면
관복 입은 도둑에 지나지 않는다.
학문을 하면서도 몸소 실천함을 숭상하지 않는다면
입으로만 참선하는 사람일 뿐이요,
큰일을 일으키고도 은덕을 심지 않는다면
눈앞에서 잠시 피다가 지는 꽃일 뿐이다.
– 『채근담』 중에서 –

✺ 배워야 밝은 길로 갑니다

'태공太公이 말했다. 사람이 살면서 배우지 않으면 어둡고 어두움이 마치 밤중에 길을 가는 것과 같다.'

배움은 인간의 정신을 밝히는 빛과 같습니다. 후마니타스 humanitas란 어두운 동굴에서 인간다움을 찾아 나오는 인문학의 출발점입니다. 불빛이 어둠을 몰아내듯, 배움은 어리석음을 거두어

가고 행복과 풍요를 안겨줍니다. 사람은 배우지 않으면 평생을 어둠 속에서 헤매는 운명을 벗어날 수 없습니다. 거름이 없는 척박한 밭에서 풍성한 결실을 거두는 것이 불가능하듯, 삶이 기름지면 풍요로운 삶은 수확물로 따라오는 법입니다.

'주문공朱文公이 말했다. 집이 만약 가난하더라도 가난으로 인하여 배우기를 그만두면 안 되고, 집이 만약 부유하더라도 부유한 것을 믿고 배우기를 게을리해서도 안 된다. 가난하더라도 배우기를 부지런히 하면 입신할 수 있으며, 부유하더라도 배우기를 부지런히 하면 이름이 더욱 빛날 것이다. 배움은 내 몸의 가장 중요한 보배요, 배운 사람은 세상의 보배다. 그러므로 배우면 군자가 되고, 배우지 않으면 소인이 되니, 후세의 배우는 사람들은 마땅히 각자 이에 힘써야 한다.'

자기 삶의 질을 향상시키기 위해서는 배우는 길 외에는 다른 길이 없습니다. 개인도 그렇고 가족이나 회사, 국가도 마찬가지입니다. 배우는 사람, 가족, 회사, 국가가 결국은 이깁니다. 배움을 매일매일 저축하십시오.

내가

어디에서

누구와

어떤 상황이나

어떤 일이라도

즐겁게 배우는

마음의 도道를 추구하면

언제 어디서라도

그곳이 천국이고

즐겁게 배울 수 있어

감사한 일이 됩니다.

부자는 돈을 다루는 능력이 성공에 영향을 미친다고 믿습니다.

'돈은 소유하는 것이 아니라 관계하며 스쳐가는 것이다.'

부자는 돈을 소유할 수 없다는 사실을 잘 알고 있습니다. 대신 돈이 어디에서 와서 어디로 가는지를 알려고 노력합니다. 돈을 언제, 어떻게, 얼마나 써야 할지를 알려고 노력합니다. 어떻게 불러들이고, 부풀리며, 얼마나 더 오래 머물게 할 수 있을지에 관심을 가집니다.

그래서 진짜 부자는 자식들에게, 소유할 수 없는 돈이 아니라 돈을 불러들이고, 머물게 하며, 분산해서 끊임없이 돈이 자신의 주변을 빙빙 돌도록 유지하고 성장시키는 법을 물려주고 싶어 합니다.

하지만 부자가 아닌 사람은 돈을 다루는 능력을 키우는 것보다는 돈을 소유하는 것에 급급합니다. 소유할 수 없는 것을 조여 매니 돈이 틈만 나면 달아납니다. 가난한 사람들은 돈이 왜 달아나는지 궁금해하지 않습니다. 대신 허겁지겁 또 다른 돈을 잡고 움켜쥡니다. 돈은 매번 달아나고 평생 붙잡으러 다녀야 합니다.

성공하는 사람들은 돈이 가진 속성을 잘 알고 있습니다. 재력이란 그래서 단지 돈을 많이 가지고 있다는 뜻이 아닙니다. 더 정확히는 돈을 다루는 힘을 가지고 있는 것입니다. 돈을 다룰 수 있을 때 돈을 탈 수 있고, 그 금마金馬는 당신을 부자의 길로 힘차게 안내해줄 것입니다.

그래서 부의 나침반의 서쪽은 재력입니다.

✵ 돈도 사랑받고 싶어 합니다

세상 만물은 인정받고, 쓰임 받고 싶고, 사랑받고 싶어 합니다. 돈, 기술, 신제품도 마찬가지입니다.

주고받고 오고 가는 이치입니다. 주는 만큼 받습니다. 이 세상의 모든 것들이 '사랑'이라는 것을 알 때, 비로소 그 돈이 내게로 올 것입니다. "사랑하면 알게 되고, 알게 되면 보이나니, 그때 보이는 것은 전과 같지 아니하리라!"라는 말처럼 말입니다.

정주영 회장이 "길바닥에 돈이 줄줄 흐르고 뛰어다니는 것이 보인다"라고 말한 것처럼 돈을 정말 사랑하면 보입니다. 돈을 벌고 싶다면 돈의 참뜻을 알아야 합니다. 돈을 알아보는 방법, 버는 방법, 불리는 방법, 적극적인 투자자가 되는 방법, 관리하는 방법, 잘 쓰는 방법까지 그 모든 것들에 매일, 매시간 관심을 갖고 돈을 사랑해줄 때, 그 돈도 '아, 정말 이 사람에게 내가 필요하구나' 하고 다가올 것이기 때문입니다.

✵ 삶이 관계이듯 돈도 관계입니다

가난하다면 돈님에게 사과를 해보십시오. 한 번만이라도 돈을 앞에 두고 무릎을 꿇고 진심으로 말해보십시오.

"돈님 미안합니다. 돈님에 대한 지식과 관심을 갖지 못하고 사랑해주지 않아서 미안합니다. 용서해주세요! 잘못했습니다. 이제부터 돈님에 대해서 관심을 가지고 재력에 대한 지식과 정보를 배워 잘 관리하고 금융재테크를 통해 돈님이 잘 불어나고 잘 쓰임받을 수 있도록 관계하겠습니다."

삶이 언제, 어디서, 누가, 무엇을, 어떻게, 왜 하는지의 관계의 연속이라면 돈도 마찬가지로 관계입니다. 관계는 좋은 관계와 나쁜 관계가 있을 것입니다. 모든 물질이 그렇듯 돈도 결국 에너지입니다. 흘러가야 하고 만나야 합니다. 그러니 좋은 관계로 돈을 끌어와야 합니다. 어떤 사람들은 "돈이 원수다"라고 말하는데, 이 말은 결국 우리가 돈을 벌지 못하는 것이 잠재의식에서 돈을 밀어내고 있기 때문이란 뜻입니다. 이기심과 집착, 질투와 편견과 증오 같은 것들도 돈을 밀어냅니다. 관계의 깊이는 결국 집중력입니다. 집중력은 모든 종류의 성공에 필요한 강력한 의지를 길러줄 뿐만 아니라 자신의 모든 에너지를 쏟아부어 돈을 끌어당깁니다. 이때 반드시 긍정적인 확신과 믿음을 품어야 합니다.

돈이 아쉬운 사람이 많이 하는 말 중에는 '세상에 내가 원하는 대로 되는 것은 하나도 없는 것 같다'가 있습니다. 이런 말을 꺼내는 순간 관계는 깨집니다. 세상 사람들은 당연히 내가 기대하는 대로 해주지 않습니다. 기대하는 것은 수동적입니다. 관계는 능동적입니다. 구체적이고 세심하게 계획을 짜고, 그 계획을 이미지나 그림으로 그리고, 그 일과 관련된 새로운 사람을 만나고, 그 분야의 전문가와 스승을 만나 배우면서 관계에 집중하는 길이 최선입니다.

✷ 재력은 남의 일이 아닙니다

평생 재테크가 무엇인지, 남의 일처럼 생각하면서 부자가 되기를 바랄 수는 없습니다. 예금도 적금도 들어본 적 없고, 어떤 목적으로건 돈을 모아본 적이 없는데 무작정 부자가 되겠다고 한다고 재력이 하늘에서 뚝 떨어질 일이 없습니다. 재력은 경제 관념이고 돈을 다루는 힘입니다. 자본주의 사회를 사는 우리는 보다 나은 삶을 위해선 돈에 대해 이해하고 자금의 흐름을 알아야 하고 투자에 대한 재테크를 알아야 합니다. 경제를 아는 것은 지식이 아니라 생존의 문제이고, 재력을 가지는 것은 부자가 되기 위한 충분조건이 아니라, 가난에서 벗어나는 필요조건입니다. 살면서 경제 신문이나 기사를 꾸준히 들여다보는 것만 해도 재력에 대한 지식이 축적됩니다. 부자가 되기 위해 모든 지식과 정보를 알고 이해하며 담대하게 도전해서 경제력을 갖추고 삶을 예술로 꽃피워야 합니다.

✹ 당연히 돈은 벌어야 하지만, 결코 돈만을 벌어서는 안 됩니다

돈은 '삶의 목적'에 맞도록 벌어야 합니다. 돈을 수단으로 삼으면 돈을 벌지 못합니다. 설사 벌어도 이내 사라집니다. 좋은 이웃이 되려는 생명살림에 대한 업業의 목적이 없으면, 돈의 노예가 되어 집착과 욕심으로 가득 찬 불행의 시간을 보내게 됩니다. 집착과 욕심으로 번 돈은 행복을 가져다주지 않고, 삶은 실패하며, 돈은 사라집니다. 돈은 선한 방법으로 목적에 맞게 벌어서 활용해야지, 맹목적으로 이용하려고 하면 자신이 당하는 양날의 칼劍입니다. 도刀는 한 방향의 칼날이지만 검劍은 양날이라서, 잘하면 무언가를 베어낼 수 있지만, 잘못하면 자기를 해칠 수 있기 때문입니다.

✹ 하나의 수입 흐름에 의존하지 마세요

당신의 수입이 얼마나 되든지 간에 하나의 흐름에만 의존하면 곤란에 빠질 수 있습니다. 1년에 설사 1억의 수입이 있다고 해도, 갑자기 그 자리에서 멀어지면 바로 0원의 수입으로 바뀝니다. 아무리 큰 강물이라도 가뭄이 들면 말라버립니다. 하지만 아무리 작은 옹달샘이라도 한시도 쉬지 않고 뿜어져 나오면 큰 강의 원천이 됩니다. 토끼가 3개의 굴을 파는 것은 붙잡히지 않으려는 생존의 수단입니다. 하나의 수입에만 의존하면 돈의 노예로 붙잡히고 맙니다. 수입이 크다고 의존하지 말고, 작다고 무시하지 말아야 합니다.

지속적인 생존 법칙의 기본은 위험을 분산하는 안전 관리입니다.

✺ 돈을 쓸 때는 돈에게 물어보고 사용하세요

물론 물어봤자 돈이 대답할 리는 없습니다. 돈을 쓰기 전에 돈에게 물어보라는 말은 결국 돈을 들고 있는 자신에게 진지하게 물어보라는 말입니다. 이 돈을 어떻게 벌었는가? 지금 이 돈을 이렇게 써야 하는가? 정말 올바른 결정인가? 이 방법밖에 없는가? 어떻게 쓰는 게 정말 가치 있는 것인지 마지막으로 따져보라는 뜻입니다. 어떻게 벌었는지 한 번 더 생각하고 돈을 쓰는 습관을 들인다면 돈을 헤프게 쓰고 뒤늦게 후회하는 일은 줄어들 것입니다.

✺ 부자는 자신을 억지로 드러내지 않습니다

사람들 중에는 자신이 얼마나 쓰는지 보여주기 위해 노력하는 사람들이 있습니다. 그야말로 너무 많은 사람이 남들에게 보여주기 위해, 자신에게 필요하지 않은 것들에 자신이 벌지도 않은 돈을 쓰고 있습니다. 그래서 중산층은 물건을 갖고, 부자들은 돈을 갖는다는 말이 나왔습니다. 좋은 집과 좋은 차. 중산층이 그들의 돈을 쓰는 방법입니다. 중산층은 좋은 차를 사기 위해, 좋은 집을 갖기 위해 일합니다. 부자가 가지고 있는 것을 자신도 가진다면 그만한 위로를 받기 때문일지도 모릅니다. 그러나 실제로 부자들이 좋은 것을 갖고 있는 것은 중산층보다 훨씬 더 많이 벌었기 때문에 가능합니다. 그럼에도 부자들은 무엇을 사기 위해 돈을 모으지 않습니다.

세계 3위 부자인 워런 버핏의 자산은 2017년 기준으로 한화 82조 원입니다. 그런데 이분은 1921년에 지어서 100년 된 집을 1958년에 3만 달러(현재 가치 65만 달러)에 사서 살고 있습니다. 출근길에 맥도날드에 들러 아침 식사 메뉴를 사 먹는데 가격은 절대 3.17달러를 넘지 않는다고 합니다. 집에서 회사까지 차로 5분 거리. 버핏은 54년간 이 길을 출근하면서 매일 아침 맥도날드에 들러서 3가지 아침 메뉴 중 하나를 고른다고 합니다.

중요한 것은 중산층은 자신의 능력과 수단보다 더해 살고, 부자들은 자신의 능력과 수단보다 덜하게 산다는 것입니다.

✸ 티끌이 모이면 태산은 아니더라도 동산은 됩니다

우스갯소리로 티끌 모아 티끌이라고 하는데, 부자들이 한결같이 말하는 것이 처음에 종잣돈 혹은 목돈을 만드는 것이 제일 힘들다는 것입니다. 반대로 생각하면 목돈을 만든다면 부자를 향한 출발을 시작했다고 볼 수 있습니다. 처음부터 100억을 가진 사람을 부자라고 하지는 않습니다. 부자가 된 사람도 처음에는 다른 사람들이 상상하기조차 힘들 정도로 돈을 모으기 시작했으며, 그렇게 모은 돈으로 투자에 나서고 돈을 불려나가서 끝내 부자로 성공할 수 있었던 것입니다. 그러니 태산이 아니라 동산이라도 분명 티끌에서 시작합니다.

✸ 머릿속 지갑에 얼마가 들었는지 기억하시나요?

당신은 어제 언제 얼마를 썼는지 기억합니까? 정확히 어떤 장소에서 몇 시에 얼마의 금액을 사용했는지 일주일 전부터 기억할 수 있습니까? 당신의 지갑에는 얼마의 금액이 있었고, 카드 사용은 언제 얼마나 했는지 기억합니까? 이것이 머릿속 지갑입니다. 실제 지갑에 얼마가 있는지, 또 언제 얼마의 금액을 썼는지를 알지 못하는 사람이 부자가 되기는 힘듭니다. 대신 이렇게 기억을 못하는 분들은 카드 청구 금액이 과다하게 나와서 매번 애를 먹는 경우가 비일비재합니다. 카드 사용을 포함해서 지갑은 나와 가장 가까이에 있는 자산입니다. 내가 소지한 돈을 분명하게 파악하고 그 돈이 나가는 것을 관리하는 것은 자산 관리의 기본 중의 기본입니다. 티끌 모아 태산이라면 마찬가지로 티끌을 아껴도 태산입니다. 적은 돈일지라도 놓치지 않고 제대로 관리해야 큰돈도 잘 관리할 수 있는 법입니다.

✺ 저축貯蓄의 원리

농사를 지으려면 종자씨앗가 있어야 합니다. 그래서 한 해 농사를 짓고 나면 내년에 쓸 종자는 따로 보관해둡니다. 내년 농사에서 백 배 천 배로 수확할 씨앗이기 때문입니다.

저축의 원리도 농사의 원리와 마찬가지입니다. 저축貯蓄이라는 한문을 파자해 보면 화폐의 도구로 활용되었던 조개貝를 쌓거나 담다宁는 의미를 합쳐서 쌓을 저貯란 글자가 된 것입니다. 축자 역시도 차곡차곡 쌓는다는 뜻입니다. 결국 쌓고 또 쌓는 행위가 저축입니다.

농사가 종자씨앗에서 출발하는 것처럼 저축도 맨 처음은 시드머니Seed Money, 종잣돈에서 출발합니다. 이 종잣돈을 잘 불려서 한 배, 두 배, 열 배, 백 배의 결실로 만들어나가야 합니다.

눈사람의 법칙이 그렇습니다. 처음에는 손으로 눈을 뭉쳐서 눈이 있는 곳에 굴리다 보면 점점 불어나서 나중에는 눈사람을 만들만큼 커지는 것이지요.

종잣돈을 만들려면 목표 금액을 매달 저축해야 합니다. 쓰고 남은 돈을 저축한다는 것은 밑 빠진 독에 물 붓기입니다. 저축 먼저 하고서 남은 돈을 아껴 써야 종잣돈을 모을 수 있습니다. 농사꾼이 내년에 심을 종자까지 먹어버린다면 내년 농사는 도대체 어떻게 될까요?

✳ 재력은 교육되어야 할 최우선의 교과 과정입니다

정부와 회사는 신년에 수행할 사업을 계획하고 예산을 수립하는 것이 최우선입니다. 돈과 자금은 혈액과 같으므로 순환이 잘되어야 합니다. 거의 대부분의 사람들은 10년 넘는 시간 동안 언어, 과학, 수학, 역사, 전공, 교양 등을 학교에서 배우고 졸업합니다. 하지만 돈에 관한 교육은 받지 못하기 때문에, 직장 생활에 접어들면서 비로소 금전적인 감각이 깨어납니다. 처음에는 엄청나게 고생합니다. 아무도 가르쳐주지 않았기 때문입니다. 학교 다닐 때 담배 피우지 말라는 말은 하고 단속을 했지만, 저축을 하라거나,

돈을 아껴야 한다거나, 카드를 어떻게 쓰는지는 교육받은 적이 없습니다. 그래서 열심히 일하지만 앞서 나가지는 못합니다. 돈을 버는 방법뿐만 아니라 돈을 번 후에 관리하는 방법도 마찬가지입니다. 돈을 버는 재력, 돈을 관리하는 재력을 알지 못하면 자산의 탑을 쌓지 못하고 부채의 벽을 쌓고 허덕이면서 생을 마감해야 합니다. 많은 이들이 재정적으로 고생하는 것은 자산과 부채의 차이를 모르고 관리하는 법도 모르기 때문입니다. 그래서 재력은 교육 과정에 없지만, 가장 앞서서 알아야 하고, 필수적으로 획득해야 하는 기본적인 힘입니다.

어려서부터 통장 관리 요령을 알려주어야 하고 경제관념을 알려주어야 합니다. 연간, 월간, 주간, 오늘의 자금 운영 계획을 가지고 집행하는 사람은 부자의 기본이 튼튼한 사람이라고 할 수 있습니다. 내가 돈에 깨어서 관리하면 돈을 마음대로 할 수 있지만, 제대로 관리하지 못하면 돈이 나를 마음대로 하고 돈에 끌려 다닙니다. 그래서 돈의 노예가 되기 싫다면 반드시 경제력에 대한 지식을 배워야 합니다. 경제 관련 신문 하나 정도는 구독하시기를 추천합니다. 국내와 세계의 경기 흐름과 정보가 실려 있어서 전반적인 경제 지식을 얻을 수 있습니다.

✺ 통장 관리의 요령

저축하는 통장도 관리 요령이 있습니다.

수입이 들어오는 통장을 두고서 이 돈을 잘 분배해야 합니다. 국가나 큰 회사는 예산 계획을 수립하고 그에 맞춰 집행합니다. 그러나 개념 없는 사람들은 대책도 없이 일단 급한 대로 쓰고 봅니다. 그렇게 소중한 돈과 예산을 관리하면 우리의 미래는 불투명합니다. 수입 통장에 들어오는 매달 수입을 토대로 자기의 예산 분배 계획을 세워야 합니다.

주택이 없다면 주택마련통장, 노후에 연금이 필요하다면 연금통장, 건강 관리를 위해서는 실비 보험통장, 자녀 교육비나 결혼자금을 위해서 자녀통장, 문화생활과 여행을 위해서는 문화통장, 부모님께 효도하고 싶다면 용돈을 드릴 수 있도록 효도통장, 내가 꼭 가지고 싶은 자동차나 물건이 있다면 구입 목표에 따른 금액을 넣어놓는 선물통장, 얼마를 정하고 그 안에서 사용할 수 있는 생활비통장 등 다양한 통장을 만들어 예산을 분배하고 계획한 대로 사용하는 지혜와 절제가 있어야 합니다.

한평생 재무설계를 해야 합니다. 3040세대는 자녀교육비와 집 장만, 5060세대는 자녀결혼과 독립자금 마련, 70대 이후에는 노년자금계획을 세우고 노후생활자금을 마련해야 합니다.

✸ 이 세상에서 부자가 되는 비밀은 너무도 간단합니다

부자가 되는 비밀을 공개하겠습니다.

"버는 돈보다 더 적게 쓰든지, 쓰는 돈보다 더 많이 벌면 됩니다."

이 말은 다이어트의 비밀과 같습니다.

"움직이는 것보다 적게 먹거나, 먹는 음식보다 많이 운동하면 됩니다."

이 한 마디 상식을 건네면 누구나 다 알고 있는 거 아니냐고 버럭 화를 낼지도 모릅니다. 하지만 이 작은 한 마디 그대로 실행해 보는 사람이 있고, 코웃음 치면서 외면하는 사람이 있을 것입니다. 그 차이가 쌓이면 부자와 가난한 자의 갈림길을 만듭니다.

얼마 전 뉴스에서 90대 노부부가 리어카로 과일 행상을 하며 쓰고 싶은 돈을 다 안 쓰고 아끼고 아껴서 평생 모은 전 재산 400억을 고려대학교에 기부했다는 소식을 들었습니다. '나도 저렇게 살 수 있을까?'라는 물음이 생기면서 진정으로 존경심이 올라왔습니다.

✸ 부유하지 못한 자는 집안에 열 가지 도둑이 있습니다

무왕이 태공姜太公에게 물었습니다. "사람이 이 세상을 살아가는데 어찌하여 귀천과 부귀가 같을 수 없는가? 그것에 대해 말씀을 듣고 그 까닭을 알고 싶소이다."

태공이 말합니다. "부귀는 성인의 덕과 같아서 모두 천명에 말미암거니와, 부유한 자는 씀씀이에 절제가 있으나 부유하지 못한 자는 집 안에 열 가지 도둑이 있나이다."

"무엇이 열 가지 도둑이 됩니까?"

태공이 대답합니다. "때가 무르익었는데도 곡식을 거두어들이지 않는 것이 첫 번째 도둑이요, 곡식을 거두어 쌓아두기를 마치지 않는 것이 두 번째 도둑이고, 아무 일도 없이 등불을 켜놓고 잠자는 것이 세 번째 도둑이요, 게을러서 밭을 갈지 않는 것이 네 번째 도둑이요, 기능을 발휘하지 않는 것이 다섯 번째 도둑이요, 꾀만 부려 남을 해치는 일만 오로지 행하는 것이 여섯째 도둑이요, 딸 기르기를 너무 지나치게 하는 것이 일곱째 도둑이요, 낮까지 잠자고 게을리 일어나는 것이 여덟째 도둑이요, 술 마시기를 탐하며 즐기는 것이 아홉째 도둑이요, 억지로 행하고 남을 질투하는 것이 열 번째 도둑입니다."

"집 안에 열 가지 도둑이 없는데도 부유하지 못한 자는 어찌하여 그렇습니까?"

"집 안에 반드시 세 가지 소모함이 있습니다."

"무엇을 세 가지 소모라고 이름합니까?"

"창고가 새어 밖으로 넘쳐나 쥐와 참새들이 어지럽게 먹어대는 것이 첫 번째 소모함이요, 거두고 씨 뿌리는 데 때를 놓치는 것이 두 번째 소모함이요, 곡식을 버리고 흩뿌려 더럽고 천하게 하는 것이 세 번째 소모함입니다."

이것은 무려 3,000년 전의 대화입니다. 그럼에도 게으름, 중단, 낭비, 소홀함, 질투, 악행, 중독 등 부富를 가로막는 것들에는 변함이 없습니다.

돈으로 생겨난 약속은 반드시 지키세요

화교와 유태계 부자들의 공통점은 돈을 잘 지급한다는 것입니다. 그들은 거래를 시작해서 계약이 성립되기 전까지는 그 어떤 상대라고 해도 지칠 정도로 지루하게 교섭에 임하고 꼼꼼하게 살피고 결정합니다. 그 과정에서 값을 깎는 일은 물론 터무니없는 요구도 빈번하게 일어납니다.

하지만 일단 계약이 성립되면 계약을 준수하고 지급을 어기지 않습니다. 정확한 날짜에 약속한 돈을 지급하는 것은 자신의 인격의 정도라고 표현할 정도입니다. 신용을 생명으로 생각합니다. 마찬가지로 그 어떤 사람이라도 돈을 받을 입장에서는 100원이라도 신용을 어긴 사람을 신뢰하지 않습니다.

지갑을 두고 왔다며 식사 금액을 다음에 주겠다는 사람이 다음에 주지 않으면, 당신은 그 사람을 신뢰합니까? 그 무너진 신뢰는 정작 그 사람은 모릅니다. 고작 1만 원도 안 되는 금액에 그 사람은 평생 그렇게 대접받습니다. 그러니 아무리 작은 금액이라도 빌린 경우에는 반드시 빨리 돌려줘야 합니다. 언제가 되었건 누군가에게 돈을 빌려준 기억이 그 사람의 인격이 되어서 기억에 그대로 저장됩니다. 나중에 아무리 잘나가는 사람이 되어도, 결국 음식값도 제대로 갚지 못한 사람으로 취급받습니다.

✸ 오가는 법칙을 모르면 부자가 되기 힘듭니다

제나라 위왕 때 초나라가 대군을 일으켜 제나라로 쳐들어왔습니다. 제나라 위왕은 순우곤이라는 현명한 신하를 사자로 삼아 조나라에 구원군을 청하면서 황금 100근, 거마 10승을 주었습니다. 순우곤이 하늘을 쳐다보며 크게 웃다가 관끈이 끊어졌습니다.

왕이 보고 말했습니다.

"가지고 가는 예물이 너무 적다고 생각하십니까?"

"어찌 감히 그럴 수 있겠습니까?"

"그런데 어찌 그렇게 크게 웃습니까?"

"오늘 제가 동쪽에서 오는데 길 옆에서 밭을 갈던 농부가 제사를 지내고 있었습니다. 그 농부는 돼지 발 하나와 술 한 사발을 놓고 축수하며 "높은 밭에서는 광주리에 가득, 낮은 밭에서는 수레에 가득, 오곡이 잘 익어 우리 집을 풍성하게 하소서!"라고 말했습니다. 그래서 신은 손에 들고 바치는 예물은 그렇게 적으면서 바라는 바는 그처럼 많았던 것이 생각나 웃었습니다."

이 말을 들은 제나라 위왕은 즉시 예물을 10배로 올려서 내주었고, 순우곤은 조나라에서 정예 병사 10만과 전차 1,000승의 구원군을 얻어 초나라를 물리쳤습니다.

헌금함이나 기원하는 것에는 10원짜리 동전을 넣고 "큰 부자가 되게 해주세요"라고 비는 마음으로는 부자 되기 힘듭니다. 누군가에게 어떤 부탁을 하고 어떤 사귐을 해도 오고 가는 일정한 크기가 있는 법입니다.

물심양면物心兩面이라는 말이 있습니다. 물질과 마음이 서로 오고가게 해야 합니다. 아무것도 안 주고 안 받으면 제로가 되지만, 100을 주고 100을 받으면 그만큼 주고받은 정과 추억이 쌓이고 신뢰가 쌓이게 됩니다. 그러면 더 큰 것을 만드는 계기와 신뢰의 씨앗이 새로운 기회를 낳습니다.

✹ 남의 돈이라도 제대로 사용해야 합니다

고위 공직자의 인사청문회에서 해당 인물이 과거 속했던 회사, 단체, 기관의 법인카드를 개인 목적으로 식사, 여행, 물품 구매는 물론 집의 시장 보는 비용까지 마구잡이로 사용했던 것으로 곤욕을 치르는 것을 종종 보게 됩니다. 백번 생각해도 자신의 돈이라면 점심 한 끼에 30만 원 하는 밥을 먹지는 않을 것입니다. 설사 현금을 100억 가진 부자라고 해도 말입니다.

이처럼 돈 쓰는 법에서 그 사람의 됨됨이가 나타나는데, 특히 '다른 사람의 돈'을 어떻게 쓰는지에 결정적인 품격이 드러나고 재력의 수준도 판가름 납니다. 존경받고 싶다면 상대방을 존경해야 하는 것처럼, 자신의 돈을 소중히 할 줄 알아야 남의 돈도 소중한 줄 압니다.

그러나 당장 회사에서만 봐도 업무를 위한 접대비로 회사 카드를 쓸 때는 아낌없이 고급 술집과 횟집 같은 곳으로 가고, 자신의 카드를 쓸 때는 가장 저렴한 곳으로 갑니다. 이렇게 무책임하게 생각하고 행동하는 것은 타인의 돈을 잘못 소모한 후에 사회로부터 신용을 잃고 추락하는 가장 큰 이유가 됩니다. 돈의 시험에 빠져들어 타락하는 것입니다.

✸ 나중에 할 싸움을 먼저 하는 법을 아는 것이 재력입니다

돈의 흐름에서 본다면 친구, 친척, 동료와의 돈 거래는 금기 사항입니다. 거의 대부분 돈을 빌려주면 인간관계가 끊어집니다. 그래서 유태인의 속담에는 이런 경우를 '나중에 할 싸움을 먼저 하라'라는 단호한 입장으로 정리합니다.

실제로 돈을 빌리러 오는 사람은 거의 모두가 돌려줄 방법이 없습니다. 반대로 말해서 확실히 돌려줄 수 있는 사람은 은행이나 정규적인 방법을 통해서 돈을 충분히 빌릴 수 있는 상태입니다. 그런데 그런 과정을 다 지나서 당신에게 온다는 것은 이미 이런 상태가 지났다는 뜻입니다. 그러니 당신이 빌려준 돈이 돌아온다고 기대할 수 없습니다.

이런 경우는 적지만 뭔가에 보태라는 말과 함께 받지 않아도 되는 돈을 주는 것을 권합니다. 100만 원을 빌리러 온다면 차용증을 받고 100만 원을 빌려주며 그 돈을 계속 받을 것을 기대하는 것보다는 받지 않아도 될 만한 금액을 주고 잊어버리는 편이 나중에 다가올 싸움을 아예 없애는 방법이 되는 것입니다.

✴ 부자가 되는 원리가 있습니다

『사기』의 「화식열전」 편에는 백규白圭라는 주周나라 사람의 이야기가 있습니다. 백규는 시기에 따라 물가 변동을 살피기 좋아했고, 사람들이 버리고 돌아보지 않는 물건을 사들이고, 사람들이 그것을 필요로 할 때 팔아넘겼으며, 풍년이 들면 곡식을 사들이고 대신 옷감과 연료를 팔았습니다. 흉년이 들면 비단과 솜을 사들이고 대신 곡식을 팔아넘겼습니다. 그가 이해한 원리는 다음과 같았다고 합니다.

'태음이 동쪽에 있는 해에는 풍년이 들고, 이듬해는 수확이 좋지 못하다. 태음이 남쪽에 있는 해에는 가뭄이 들고, 그 이듬해는 수확이 많다. 태음이 서쪽에 있는 해에는 풍년이 들고, 이듬해는 흉년이 들고 물이 풍부해진다.'

백규는 좋은 음식을 멀리했고 취미를 자제했으며 검소하게 생활했다고 합니다. 한번 부린 하인들과 의리를 지켜 고락을 함께하기도 했습니다. 하지만 기회다 싶으면 사나운 짐승이 먹이를 발견하듯 민첩하게 행동했습니다. 백규는 자신의 성공담을 이렇게 말했습니다.

"나는 사업을 할 때 강태공이나 이윤伊尹이 나라의 정책을 도모하듯 했다. 손자와 오자가 군사를 쓰듯 했고, 상앙이 법을 시행하듯 했다. 내 비법을 배우려고 찾아오는 자들 중에 임기응변의 지혜가 없거나. 결단할 용기가 없거나, 서로 주고받으면서 인자한 마음이 없거나, 지킬 바를 끝까지 못 지키는 강단 없는 자는 절대 가르쳐주지 않았다."

✸ 닭이 알을 낳을 때까지 기다릴 줄 알아야 합니다

만약 수중에 2천만 원이 있다고 해봅시다. 이것으로 자동차를 사는 것은 자산가치가 없는 것에 돈을 쓰는 소비이자 낭비이며, 그 돈은 곧 죽은 돈이 됩니다. 돈을 이용해서 가장 최하의 투자를 한 것입니다. 자동차는 소비품입니다. 차를 사면 돈을 모으기 힘들다는 것은 소비품이 소모품을 끼고 돈을 줄줄 흘리기 때문입니다. 보험료, 자동차세, 기름 값, 정비 비용, 톨게이트 비용, 숙박 비용, 여행 비용으로 이어집니다.

그러나 이 2천만 원으로 투자 행위를 하면 그것은 자산이 되고, 살아 있는 돈이 됩니다. 말하자면 병아리를 닭으로 키우는 것에 비유할 수 있습니다. 어렵게 저축해서 모은 돈으로 덜커덕 차를 사는 것은 알을 열심히 품어서 병아리를 태어나게 했는데 그것을 통째로 구워 먹는 것과 다를 바 없습니다. 부자가 되기 위해서 절대로 해서는 안 되는 행위가 바로 원금을 깨서 소모품을 사는 것입니다. 대신 병아리를 소중히 키워서 닭으로 만들고, 그 닭에게 달걀을 낳게 하고, 그 달걀 중에서 하나씩 먹는 것이 좋습니다. 결코 달걀을 낳는 닭을 죽여서는 안 됩니다.

✳ 파도는 한 걸음만 앞서가는 사람의 것입니다

주식에서는 물 타기와 상투 잡기 같은 시기에 대한 내용이 많이 있습니다. 발목에서 사서 허리에 판다는 말도 모두 특정 시기를 잡아야 한다는 말입니다.

재력은 타이밍과 밀접한 관련이 있습니다. 말하자면 파도타기입니다. '파도타기'는 글자 그대로 파도를 잘 타야 합니다. 이것은 영원한 현재성을 상징적으로 보여줍니다. 파도를 타기 위해서는 일단 파도가 치지 않는 먼 곳으로 나아가야 합니다. 두렵고 무섭고 고통스럽고 불안합니다.

그리고 파도가 올 때까지 기다려야 합니다. 초조함과 불안함, 그리고 잘못되면 어쩌나 하는 마음이 나를 괴롭힙니다. 마침내 밀려오는 파도와 함께 앞으로 힘차게 나아가야 합니다. 이때 파도보다 늦으면 못 타고, 너무 빨라도 못 탑니다. 그냥 바다 한가운데 떠 있거나, 물속으로 가라앉고 맙니다. 파도를 탄 사람은 저 앞에 목적지를 향해 가고 있는데 나 혼자 망망대해에 있습니다. 결국 다음 파도를 기다려야 합니다. 그 파도가 언제 올지는 모릅니다.

그러니 파도가 온다는 것을 믿고, 준비하고 기다려야 합니다. 그리고 파도가 오면 파도보다 한발 먼저 일어서서 뒤에서 몰려오는 파도의 힘에 의한 추진력을 내 것으로 만들고 앞으로 힘차게 나가야 합니다.

우리는 파도보다 한발 먼저 시대에 맞추어 나아가야 하고, 기회와 정보와 에너지와 열정과 노력을 파도에 맞추어야 합니다. 남들보다 너무 많이 앞서도 이기지 못하고, 뒤처져도 살아남기 힘듭니다.

너무 먼 바다로 나가서 파도타기를 아예 못 하는 사람도 있고, 파도가 치지 않는 곳으로 가서 영영 표류하는 사람도 있습니다. 아직도 모래사장에서 마냥 기다리고 있는 사람도 있습니다. 모두 자신의 선택이고 결정입니다.

주식 투자는 썰물의 기회를 잘 잡을 수 있도록 기다리는 일입니다. 연중 저점의 기회를 포착해서 기회가 오면 사고 적정 수익을 보면 팔고, 배당 중심의 주식으로 갈아타거나 현금 보유를 하고 기회가 올 때까지 기다려야 합니다.

✦ 준비하고 지키고 찾아가면 부자가 됩니다

주먹과 발이 가는 길이 태권도跆拳道이고, 검이 가는 길에 검도 劍道가 있고, 힘이 가는 길에 유도柔道가 있으며, 차를 마시는 길이 다도茶道, 붓이 가는 길이 서도書道입니다. 사람들이 다니는 길이 라 인도人道고, 차가 다니는 길이라 차도車道입니다. 그 넓고 넓은 바다와 하늘에도 보이지 않지만 정해진 길과 규칙을 따라서 배가 지나가고 비행기가 날아다닙니다. 다니는 길道과 질서가 있는 것 입니다.

마찬가지로 돈의 길이 있습니다. 그러나 길은 항상 변합니다. 늘 넓은 길로, 언제라도 걸을 수 있도록 준비하고 나를 기다리고 있는 것은 아닙니다. 들판도 있지만 산길도 있고, 길목이라고 여 긴 곳도 시간이 지나면 막힌 벽이 됩니다. 이 세상에는 많은 일들 이 일어나고 변화하고 있습니다. 이처럼 끊임없는 현존의 변화 속 에서 늘 들리는 소리가 있고 늘 보이는 것들이 있습니다. 이것이 육비법의 첫 번째 예견豫見입니다. 들리는 것과 보이는 것들을 통 해 잘 생각하는 것을 예상豫想이라고 하고, 무엇을 배워야 하는 지를 알아 배우는 것을 예학豫學과 예지豫知라고 합니다. 점검하 고 사실을 토대로 측정하는 것을 예측豫測이라고 합니다. 예측해 서 미래의 불투명한 것들에 대해 준비하는 것을 예비豫備라고 합 니다. 여기에 쓰인 예豫자는 코끼리가 자신이 죽을 때를 미리 알고 무덤을 찾아간다는 뜻을 가지고 있습니다. 바뀌는 길을 따라 코끼리 무덤을 찾을 수만 있다면 그곳에는 산더미 같은 상아가 기다리고 있지 않겠습니까.

재력이 커지는 것을 방해하는 세 마리 괴물

돈의 흐름을 끊고, 나쁜 흐름으로 이끌거나 재력을 약화시키거나 방해하는 세 마리의 괴물이 있습니다. 그것은 '불안', '게으름', '질투'입니다. 이 세 마리 괴물은 사람의 마음에 둥지를 짓고 점점 증식해, 최악의 경우 육체까지 무기력하게 만듭니다. '불안'이라는 괴물을 없애려면 자신감을 키울 필요가 있습니다. 자신감이란 글자 그대로 자신을 믿는 것입니다. 무엇이건 조금씩 성취할 수 있는 것을 택해서 이루면 자신감이 커집니다. 1년 만기 500만 원짜리 저축이라도 이루면 할 수 있다는 자신감을 가지게 됩니다. 안 하는 것보다는 낫습니다.

'게으름'은 행동으로 막을 수 있습니다. 게으름이 몸에 밴 사람들은 반대로 돈은 빨리 벌려는 속성을 가지게 됩니다. 그래서 일확천금을 노리거나 요행을 바라다가 돈을 빼앗기고 맙니다. 게으름을 퇴치하기 위해서는 운동을 하거나 정리정돈을 하는 등 조금이라도 움직이면서 변화되는 모습을 스스로 만드는 것이 좋습니다.

'질투'는 좋은 인연, 관계, 사람, 흐름을 막아버립니다. 맑은 물에 먹물을 푼 것처럼 서서히 물 전체를 검게 만듭니다. 이때 좋은 방법은 마음의 근육을 키우고 질투하는 것이 단 1%도 나에게 도움이 되지 않는다는 것을 주문처럼 외우는 것입니다. 부자를 증오해서 부자가 된다면 얼마나 좋겠습니까.

붉은색을 가까이하는 사람은 붉게 물들고 먹을 가까이하는 사람은 검게 물든다近朱者赤 近墨者黑고 했습니다. 질투하는 사람은 증오하는 사람과 어울립니다. 부자가 되고 싶으면, 부자와 점심을 먹거나 부자 곁으로 가야지 가난과 친해져서는 곤란하지 않겠습니까.

✷ 정말로 좋아하는 일을 해야 합니다

세계 최고의 강연가이자 목표 관리자인 브라이언 트레이시는 이런 유명한 말을 했습니다.

"정말로 좋아하는 일을 하면 앞으로의 인생에서는 일을 하지 않을 수 있다."

좋아하는 일을 한다는 것은 금전적인 성공과 관련해 대단히 중요한 원칙 중 하나입니다. 인생에서 당신이 진정으로 좋아하는 일이 무엇이고, 어떤 일에 다른 누구보다도 강력한 재능이 있는지를 찾아내는 것은 아무리 시간이 걸려도 늦지 않습니다. 그다음은 자신이 잘하는 일에 혼신의 힘을 쏟아야 합니다. 자수성가한 부자들 중에는 이런 사례가 정말 많습니다. 천부적인 재능과 능력이 직업의 요구 조건과 정확히 일치해서 더 높은 성취를 해낸 사람들입니다. 그래서 흔히 자수성가한 부자들은 이런 말을 합니다. "나는 내가 싫어하는 일이라고는 평생 동안 단 하루도 해보지 않았어. 아침에 일을 하러 나설 때마다 빨리 가야지 하고 마음이 설렜지."

그래서 자신이 정말 좋아하는 일을 하는 사람은 설사 복권에 당첨되어도 지금 하고 있는 일을 내일도 합니다. 그토록 소망하던 여가와 엄청난 돈을 모두 얻었고 그 일에서 해방될 수 있는 기회가 주어졌다고 해도 기꺼이 계속해서 즐겁게 그 일을 하겠다는 것입니다. 그렇게 좋아하는 일을 해야만 재력이 커집니다.

✸ 쳇바퀴에서 내려오십시오

톰 크루즈가 나오는 「제리 맥과이어」라는 영화에서 톰 크루즈가 회사를 떠나는 장면이 있습니다. 그가 회사에서 잘린 후 동료 직원들에게 "나랑 같이 갈 사람 누구 없어요?"라고 하자 모두 숨을 죽인 채 눈치만 봅니다. 그러다 한 여성이 겨우 이렇게 얘기합니다. "같이 가고 싶지만 석 달 후에 승진하기 때문에……."

그 여성은 함께 떠났어야 합니다. 그러나 그러지 못하는 가장 큰 이유는 대부분의 근로자가 '수입에 맞춰' 생활하기 때문에 쳇바퀴에서 내려오지 못하는 것입니다. 끔찍한 현실이지만, 월급이 통장을 스쳐서 사라지는 것도 이런 까닭입니다. 대부분의 근로자는 급여가 주는 혜택에 삶의 초점을 맞춥니다. 쳇바퀴에서 벗어나려면 이 초점을 자신과 배움과 재력과 지력에 맞춰야 합니다. 그래야 매일이 같은 날이 아닐 수 있게 되고, 쳇바퀴를 끊임없이 돌리는 햄스터의 운명을 피할 수 있게 됩니다.

✱ 재력을 더하는 가장 좋은 방법, 결혼

결혼은 인륜지대사人倫之大事입니다. 생물학적으로는 종족 보존을 위한 관문이며, 음양 이론으로 본다면 음에 해당하는 여자와 양에 해당하는 남자가 만나 서로 음과 양의 기운에 맞춰 조화롭게 살아가는 것입니다.

미혼인 경우는 모르지만, 배우자와의 조화와 신뢰가 부를 낳는다는 것은 부자들의 공통점입니다. 어른들이 결혼을 해야 돈을 모은다고 하는 말씀도 이런 뜻에서 나옵니다. 예비부부라면 결혼을 서두르는 것도 재테크의 지름길입니다. 부자라는 것은 배우자와 공동으로 만들어내는 일종의 사업입니다. 또 배우자는 사실 가장 가까이 있기에 가장 날카로운 지적을 해줄 수 있는 아주 특별한 존재입니다. 덧붙여 말하자면 백만장자는 이혼율이 낮다고 합니다. 미국의 백만장자에 대해 자세히 조사한 『백만장자 마인드』라는 책은 백만장자 열 명 중 아홉 명 이상이 결혼했으며, 한 번도 이혼을 하지 않았다는 사실에 주목하고 있습니다. 배우자는 용기를 불어넣어 주는 사람이며, 자신감을 심어주고, 일에 집중하고 열중할 수 있는 공간과 대화를 제공합니다. 신뢰와 조화의 시간을 만들어주고, 균형을 잡을 수 있는 조언을 아끼지 않습니다. 이 모든 것을 제공하는 것에 그 어떤 조건도 달지 않습니다. 무조건 내 편입니다.

어차피 해야 할 결혼이라면 빨리 하는 것이 낫고, 그렇게 결혼을 한 다음에는 부부가 똘똘 뭉쳐서 한 방향으로 날아가야 합니다. 그러니 자신과 함께할 수 있는 사람인지, 또 부자가 되기 위해 마음을 합칠 수 있는지, 결혼을 할 사람에게 먼저 이해를 구해야 합니다. 손뼉도 부딪쳐야 소리가 나는 법이니까요. 당연히 부자가 되는데 누가 마다하냐고요? 아닙니다. 남편은 열심히 돈을 버는데 아내는 비싼 옷을 사거나 놀러 다닌다든지, 혹은 아내는 알뜰살뜰 사는데 남편은 사흘이 멀다 하고 술집에서 카드를 긁으면 재력은 아예 생기지도 않습니다. 말이 아니라 실천하는 배우자를 찾아야 합니다.

✵ 돈만 많다고 모든 문제가 해결될까요?

돈, 돈, 돈! 많은 사람들이 돈만 더 있으면 지금 이 생활에서 당장 벗어나고 씀씀이와 관련된 모든 문제가 해결될 것이라고 믿습니다. 과연 그럴까요? 정말 월급이 많아지거나 큰돈이 갑자기 생기면 골치 아픈 재정 문제가 말끔하게 해결될 거라고 생각하시나요? 불행히도 그것이 사실인 경우는 드뭅니다.

당신이 운전을 하고 있다고 생각해보십시오. 눈을 감고 운전하는 습관이 있는데, 차에 연료를 가득 채운다고 해서 운전이 나아질까요? 목적지에 안전히 도착할 가능성이 더 높아질까요? 문제는 연료가 아닙니다. 문제는 운전하는 당신의 습관과 차에 있습니다. 아무리 좋은 차에 연료가 많다고 해도 일반 차도와 고속도로만 열심히 달리다가 힘들어서 그만 퍼져버리는 사람들도 많이 있습니다.

열심히 달리기만 한다고 행복한 부자가 되지는 않습니다. 가끔은 아름다운 강가나 바닷가, 멋진 들판과 산 아래 계곡 옆에 차를 세우고 자연과 함께 여유 있게 쉬면서 재충전을 하는 것이 더 풍요롭고 행복한 삶일 수도 있습니다. 마찬가지로 돈만 벌고 지출을 관리하는 법과 잘 쓰는 것을 배우지 않는다면, 돈을 더 벌어도 상황은 더 나아지지 않습니다. 재력의 기초 중 하나는 지출의 효율적인 관리입니다. 지난달에 돈을 얼마나 썼는지, 그 돈을 어디에 썼는지, 기록하고, 고민하고, 합산하고, 예산을 세우고, 삶의 질을 향상시키고 누리기 위해서 조절할 줄 알아야 합니다. 어떤 항목에 대해 예상보다 더 많은 돈을 지출해 빚이 늘어가고 있다면, 계획을 조절하고 빚을 갚고 계속 돈을 잘 관리해야 합니다.

✳ 돈은 흐르는 길을 만들어 강물처럼 흘러갑니다

돈을 물같이 쓴다고 하는 말이 있습니다. 돈은 '돌고 돌아서 돈'이라고 한답니다. 이런 돈이 흐르는 방식은 크게 4가지로 나누어 볼 수 있습니다. 첫째는 나가는 돈과 들어오는 돈이 같은 경우입니다. 그렇다면 나머지는 무엇인지 잘 아시겠죠? 둘째는 나가는 돈보다 들어오는 돈이 더 많은 경우, 셋째는 들어오는 돈보다 나가는 돈이 많은 경우, 그리고 마지막은 들어오는 돈도 없고 나가는 돈도 없는 경우입니다.

돈은 실제로 우리가 살아가는 매 순간의 흔적입니다. 몇 년 몇 월 며칠 몇 시 몇 분에 쓴 돈은 나의 역사이며 기록입니다. 돈은 바깥세상과의 교류입니다. 그리고 그것은 힘의 교류 혹은 에너지의 교류입니다. 그러니 에너지가 새는 곳이 없는지, 막힌 곳은 없는지 파악하는 것은 중요합니다. 돈의 에너지가 원활하게 흘러야 더 많은 돈이 흐르고 부자가 되기 때문입니다. 많이 새면 조금 막고, 덜 들어오면 길을 터주어서 더 들어오게 만들 생각을 해야 합니다. 막힌 까닭을 찾으십시오. 건강, 대인관계, 결정의 실수 등 무엇이 흐름을 막고 있는지 파악해서 큰 강물이 흐르도록 만들어주어야 합니다.

✸ 돈에는 맛이 있습니다

흔히 돈에도 맛이 있다고 합니다. 하지만 부자들은 돈맛을 조금은 다르게 느끼고 있습니다. 그들은 '돈은 늘리는 맛'이라고 생각합니다. 우리는 그들의 돈에 대한 태도와 습관과 무엇보다 그 '미각'을 배워야 할 것입니다.

그리고 또 하나의 맛이 있습니다. 내 돈이 없어지는데 행복해지는 순간이 있습니다. 내가 사고 싶었던 것을 살 때도 그렇지만, 그것보다 더 오래가는 행복과 만족도의 순간은 나뿐만 아니라 다른 사람들까지 행복하게 하는 기부와 나눔입니다. 이 맛을 흔히 '돈은 베푸는 맛'이라고 합니다. 나간 만큼 들어오는 황금률의 법칙이 있습니다. 많이 베풀면 그만큼 내게 돌아오는 복이 많습니다. 돈도 마찬가지여서 베풀면 꼭 필요한 만큼의 돈이 들어옵니다.

부자들은 반면교사를 통해 부를 지켜냅니다

세계의 부자들은 대부분 어릴 때부터 종교, 혹은 지역 활동을 통해서 많은 사람과 접촉하면서 자랍니다. 그런 환경 속에서 많은 사람들이 하는 삶과 돈에 대한 이야기를 간접적으로 듣습니다. 생각해보십시오. 사람들이 만나는 모임은 물론이고, 지하철에서도 귀를 기울이면 사기당한 이야기, 보증금을 털어먹고 다 쓴 사람, 재산을 노린 상대와 결혼해서 파탄 난 여자, 그럴듯한 직위에 현혹되어 돈을 퍼다 준 사람, 남의 빚보증을 서고 거지가 된 사람, 부모의 유산을 둘러싸고 형제간에 싸움을 하는 가족, 대기만성한 사람, 자수성가한 사람, 반대로 부잣집에서 금수저를 물고 태어났지만 노름과 마약으로 흙수저가 된 사람, 벼락부자가 되었지만 성질이 뭐 같아서 주변에 아무도 없다는 외톨이, 돈 때문에 범죄를 저지르고 숨어서 잘 산다는 사람, 잡혀서 감옥에 간 사람, 과잉보호로 키운 자식이 커서 온갖 더러운 행동의 똥을 모두 치우고 뒷바라지하다가 화병에 죽는 부모, 100달러 들고 외국으로 나가서 성공한 사람, 술주정으로 가정폭력을 일삼는 아버지, 아내와 첩 사이에 있는 자식 때문에 얼굴을 들고 다니지 못하는 아버지까지 이것들은 모두 도道이고 돈입니다.

이것들이 돈이 아니라고 생각하는 사람은 결코 부자가 될 수 없습니다. 부자들이 자라면서 어릴 때부터 어른들의 산 교훈을 바탕으로 해서 돈과 인간의 원인과 결과의 방정식을 만들어냅니다. 중요한 것은, 그들이 돈에 휘둘리지 않는 인생, 가족과 행복이 가득한 삶을 깨닫는다는 점입니다. 타산지석, 반면교사가 정면교사보다 더 강력합니다.

✸ 재력의 또 다른 모습, 넉넉함

> 대개 백성들은 상대의 재산이 자신보다,
> 열 배가 넘으면 그를 무시하고 헐뜯지만
> 백 배가 넘으면 오히려 두려워한다.
> 천 배가 넘으면 그를 위해 기꺼이 심부름을 하고,
> 만 배가 넘으면 그의 밑에서 하인 노릇을 하니,
> 이것이 만물의 이치다.
>
> ─『사기』「화식열전」편 ─

2,000년 전이나 지금이나 돈에 대한 태도는 달라지지 않은 것 같습니다. 그러나 이것이 우리나라에 오면 좀 달라집니다. 경주 최 부자 정도 된다면 얘기는 달라집니다. "백 리 안에 굶어 죽는 사람이 없게 하라"라는 유지는 300여 년 동안 이어졌다 하니 그 집안의 정신적 크기와 넉넉함이 비할 바 없습니다. 이 집의 창고

는 쌀 800석을 보관할 수 있는 현존하는 가장 크고 오래된 목조 곳간입니다. 삼대 가기 어렵다는 부자가 12대를 이어온 이유를 조금은 알 수 있습니다. 그들은 대를 이어 가훈을 지키며 부를 쌓아 '노블레스 오블리주'를 실천했습니다. 최씨 집안에 내려오는 '육훈六訓'은 다음과 같습니다.

'과거를 보되 진사 이상 벼슬을 하지 마라.'
'만 석 이상의 재산은 사회에 환원하라.'
'흉년기에는 땅을 늘리지 마라.'
'과객을 후하게 대접하라.'
'주변 100리 안에 굶어 죽는 사람이 없게 하라.'
'시집 온 며느리는 3년간 무명옷을 입어라.'

✸ 재력은 모죽처럼 자랍니다

중국에 있는 모죽이라는 대나무 이야기가 나옵니다. 이 대나무는 약 5년 동안 아무리 물과 거름을 주어도 싹을 틔우지 않는다고 합니다. 하지만 5년이 되면 6주 만에 30미터가량 한순간에 성장한다고 합니다. 그러니까 5년은 27미터를 크기 위한 준비 시간인 셈입니다. 어쩌면 힘들거나 티도 안 나는 행위라고 생각해서 포기하면 재력은 크지 않습니다. 10년을 다이어트를 했지만 살이 빠지지 않았다고 하는데, 속을 들여다보면 1년짜리 실패한 다이어트를 10번 반복한 것임을 알게 됩니다. 정확하고 누적되는 시간이 필요합니다. 단순히 보내는 시간이 아닌 진정으로 내가 바라는 사람이 되기 위한 필수적인 시간입니다.

✳ 집중하기, 그리고 거들떠보지 않기

투자의 귀재라고 불리는 미국의 유명한 기업가 워런 버핏의 전용기를 10년 동안 몰았던 조종사가 이렇게 물었다고 합니다.

"선생님. 어떻게 하면 인생에서 성공을 할 수 있나요?"

그랬더니 버핏은 미래에 혹은 일생 동안 이루고 싶은 목표 25가지를 적어보라고 합니다. 그리고 그중에 가장 중요하게 생각하는 5개 목표에 동그라미를 쳐보라고 했답니다. 그리고 이렇게 말했다고 합니다.

"이 20개, 동그라미를 치지 않은 목록들은 자네가 어떻게든 피해야 할 것들이네. 5개 목표를 모두 달성하기 전까지는 절대로 이것들을 거들떠봐서도 안 되네."

돌아보지 말라고 하면 돌아보는 사람의 속성과 심리, 참지 못하는 비극은 수많은 역사의 이야기에 녹아 있습니다. 집중하고, 그리고 거들떠보지 않을 수 있다면 부자가 되는 재력의 힘은 비할 데 없이 커집니다.

✵ 가난한 사람은 복권을 사고, 부자는 주식을 삽니다

복권과 주식(물론 장기적인 안목의 가치 주식입니다)은 부를 증식하는 성향을 보여주는 단적인 예시입니다. 부자는 장기적인 비전을 가지고 사물을 분석해서 투자하지만, 가난한 사람은 자꾸만 단기적으로 사물을 보기 때문에 눈앞의 이익밖에 보지 못합니다. 큰 열매를 수확하기 위해서는 먼저 땅을 일구고, 씨를 뿌리고, 키우는 경작의 시간이 필요합니다. 오늘 씨를 뿌리고 내일 열매를 맺지 못한 것을 보고는 "왜 열매를 맺지 않는 거야!"라고 화를 내어서는 곤란합니다.

만약 복권으로 당장 모두가 부자가 될 수 있었다면, 이미 세상 모든 사람은 부자여야 합니다. 복권으로 부자가 되는 것은 당신이 아니라, 복권 판매업자와 나라입니다. 행운의 부적을 구입하고 부자가 될 주문을 외우지만, 실제 부자가 되는 것은 당신이 아니라 부적을 파는 사람일 것입니다.

✺ 재력의 기본은 Give and Take입니다

거래去來와 왕래往來의 배치를 보십시오. 먼저 가야 옵니다. 왜 'Give and Take'라고 말하겠습니까. 어순 그대로 먼저 주고 난 다음에 받으라는 것입니다. 더 정확하게는 보답을 기대해서는 안 됩니다.

친구들에게 식사나 술을 사 주었다고 해서 나중에 갚으라고 해서는 안 됩니다. 그렇게 하지 않아도 상대방은 거의 모든 'Give'를 기억하고 있습니다.

보답을 바라지 않고 진심으로 베푼 행동의 'Give'라면 상대방은 당신에게 '언제가 될지는 모르지만 꼭 은혜라는 이름의 'Take'를 하고 싶다는 생각을 할 것입니다. 그런 마음이 쌓이면 필연적으로 당신에게 좋은 일들이 돌아옵니다. 이때 주의할 것은 결코 "그때 내가 이렇게 너를 도와줬잖아!"라고 윗사람처럼 은혜라도 베푼 양 말하지 말아야 한다는 것입니다. 그렇게 말하는 순간 도로아미타불이 됩니다.

어려움에 처한 사람에게 베푸는 것은 언제가 될지는 모르지만 긍정의 부메랑이 되어서 돌아올 것이라고 생각하고 기부寄附 혹은 Give해보십시오. 줄 때 더 행복해집니다.

황금 쟁반의 원리

원리를 하나 소개할까 합니다. 황금 쟁반 안에는 재물이라는 물이 있습니다. 그런데 수평으로 된 쟁반에서 아무리 재물을 모으려고 끌어당겨도 결국은 수평으로 흩어지고 맙니다. 그런데 쟁반 아래에는 금으로 된 밑받침이 있는데, 이 밑받침을 빼어 다른 쪽에 보태주면 황금 쟁반이 기울어져 그 안에 있는 재물의 물이 다 내 쪽으로 쏠리게 됩니다. 아무리 다른 쪽으로 밀어내도 다시 내 쪽으로 모입니다. 이것이 진정 내 것을 남에게 베풀면 내가 낮아져서 황금 쟁반 안에 있는 재물들이 나에게로 흘러 들어오는 이치입니다. 하늘은 스스로 돕는 자를 돕는 것처럼, 하늘은 살리는 사람을 더 살리고 주는 사람에게 더 주고, 베푸는 사람에게 더 베풉니다.

도의 바탕 위에서 돈을 사랑합시다, 돈을 번다는 것은 그만큼 사랑하는 겁니다

- 부자 옆에 줄을 서라 / 인삼 밭에 가야 인삼을 캘 수 있다.
- 들어온 떡만 먹으려 말라 / 떡이 없으면 나가서 떡을 만들라.
- 돈은 거짓말을 하지 않는다 / 돈 앞에서 진실하라.
- 씨돈은 쓰지 말고 아껴둬라 / 씨돈은 새끼를 치는 종잣돈이다.
- 샘물은 퍼낼수록 맑은 물이 솟아난다 / 아낌없이 베풀어라.

- 깨진 독에 물 붓지 말라 / 새는 구멍을 막은 다음 물을 부으라.
- 세상에 우연은 없다 / 한번 맺은 인연을 소중히 하라.
- 돈 많은 사람을 부러워 말라 / 그가 사는 법을 배우라.
- 본전 생각을 하지 말라 / 손해가 이익을 끌고 온다.
- 돈을 내 맘대로 쓰지 말라 / 돈에 물어보고 사용하라.
- 돌다리만 두드리지 말라 / 그 사이에 남들은 결승점에 가 있다.
- 지갑은 돈이 사는 아파트다 / 나의 돈을 좋은 아파트에 입주 시켜라.
- 불경기에도 돈은 살아서 숨쉰다 / 돈의 숨소리에 귀를 기울 여라.
- 값진 곳에 돈을 써라 / 돈도 신이 나면 떼 지어 몰려온다.
- 돈 벌려고 애쓰지 말라 / 돈을 사랑하기 위해 애를 써라.
- 인색하지 말라 / 인색한 사람에게는 돈도 야박하게 대한다.
- 더운밥 찬밥 가리지 말라 / 뱃속에 들어가면 찬밥도 더운 밥 된다.
- 효도하고 또 효도하라 / 그래야 하늘과 조상이 협조한다.
- 돈을 편하게 하라 / 아무데나 욱여넣으면 돈도 비명을 지른다.
- 부지런하라 / 부지런은 절반의 복을 보장한다.
- 은행 돈은 잠자는 사이에도 쉬지 않고 새끼 친다.
- 티끌 모아 태산이 된다 / 작은 돈에도 감사하라.
- 돈을 값진 곳에 써라 / 돈도 자신의 명예를 소중히 여긴다.

- 찢어진 돈은 때워서 사용하라 / 돈도 치료해준 사람에게 감사한다.
- 여자와 개와 돈은 같다 / 쫓아가면 도망가고, 기다리면 쫓아온다.

돈만 있는 부자보다 마음의 부자가 진짜 하늘의 부자입니다.
여러분 모두 물심양면으로 행복한 부자가 되세요.

부의 나침반으로
보물지도 작성하기

구슬이 서 말이라도 꿰지 않으면 목걸이로서의 가치는 없습니다. 아무리 아름다운 완벽完璧(고리 모양의 둥근 옥)이라도 갈고 닦기 전에는 그저 돌멩이에 불과했습니다. 체력과 심력, 지력과 재력의 바탕 위에 당신의 일과 적성을 제대로 발휘하기 위해서는 미묘한 1도의 각도 차이도 주의 깊게 들여다보아야 합니다. 그리고 매번 자신만의 좌표를 정확히 인지하고 균형 있는 행복한 부富를 향한 알찬 항해를 해나가야 할 것입니다.

균형 잡힌 삶을 위해 나는 무엇을 어떻게 해야 할까요?
내 삶은 원만한가요? 원만하지 않고 불규칙적인가요?
무엇이 문제인가요? 어떤 방향이 부족한가요?
그것들을 채우기 위해서는 어떻게 해야 할까요?
원만하고 균형된 부자의 삶을 위해서 나는 무엇을 어떻게 해야 할까요?
삶을 깊이 있게 들여다보고 풍요롭고 행복한 삶을 위해 어떤 분야의 어떤 방향을 키워야 할지 나에게 묻고 나에게 답해봅니다.
부의 나침반을 든 길라잡이인 '나'를 지켜보며 나의 삶에 견주어봅시다.
그리고 행복한 부자의 삶의 계획을 세워봅니다.

✸ 소질과 재능을 파악하고 내가 원하는 직업과 일을 하기 위해서는 무엇을 어떻게 해야 할까요?

내 삶을 깊이 있게 들여다보고 풍요롭고 행복한 삶을 위해 어떤 방향을 키워야 할지 스스로 묻고 답하며 계획을 세울 줄 알아야 합니다.

나의 소질과 재능에 맞는 일과 직업에 대해서 알아보는 것이 행복한 부자의 첫 단추를 꿰는 것입니다. 여러분은 자신의 소질과 재능, 적성이 무엇인지 알고 있습니까? 어떤 일을 좋아하고 시작하게 되었는지 기억하십니까? 이 분야가 자신의 천직이라고 믿습니까? 만일 지금까지의 물음에 답할 수 없다면 여러분은 다시 자신의 일을 찾고 배우기 위해 출발해야만 합니다.

✸ 원하는 일을 찾으려면 먼저 꿈을 스케치할 줄 알아야 합니다

통계청의 '2016년 사망 원인 통계 결과'에 따르면 OECD 35개국 중 대한민국이 자살률 1위이고, 더욱 놀라운 것은 청소년의 자살률이 매우 높다는 사실입니다. 우리나라 청소년의 스트레스와 불행은 대부분 학업, 학교 폭력, 부모와의 갈등에서 비롯됩니다. 그리고 이 갈등은 청소년의 꿈을 죽이고 있습니다. 개인의 재능과 적성을 무시하고 대학교를 향한 무한 경쟁, 성적 줄 세우기로 불행의 시간을 만들어내고 있습니다. 학교, 학원, 집을 떠돌며 자신이 어떤 사람인지, 무엇을 하고 싶은지 생각할 시간조차 가지지 못합니다.

획일화된 교육을 받고, 성적 지상주의에 쫓기고, 과열된 입시경쟁에 내몰리는 청소년들은 자존감이 한없이 낮아집니다.

청소년뿐만 아니라 모든 이들이 원하는 삶을 살 수 있으려면 자기 소질과 재능에 맞는 꿈을 찾아야 합니다. 그것이 행복의 시작입니다. 그리고 그런 기쁨이자 보람은 자신이 진짜 원하는 게 무엇인지 찾고, 꿈에 초점을 맞출 때 시작됩니다. 꿈의 히스토리, 열정을 찾아주는 물음, 자신의 강점, 성공했던 경험, 꿈의 롤모델, 생생하게 그리는 미래가 있어야 합니다.

『꿈 스케치』란 책에서는 8단계 비법을 말하고 있습니다.

1단계, 종이 위에 원하는 것을 구체적으로 적는다.

2단계, 자기 안에 숨겨진 열정을 찾는다.

3단계, 자신이 타고난 재능을 발견한다.

4단계, 지나온 삶 속에 행복한 성공 경험을 적고 자신의 강점으로 가슴 뛰는 일과 분야를 찾는다.

5단계, 다른 사람을 의식하지 않고 자신이 정말로 원하는 꿈을 결정한다.

6단계, 꿈 관련 책을 읽고 꿈의 멘토를 만나 조언을 구한다.

7단계, 꿈의 로드맵을 그린다.

8단계, 꿈의 발표회를 열고 꿈을 달성하기 위한 노력을 멈추지
　　　 않는다.

청소년뿐만 아니라 아직 자신의 일과 소질과 적성을 찾지 못한
모든 사람이 한 번쯤 시도할 만한 것이라고 생각합니다. 저도 제
아이들이 소질과 재능에 따라 하고 싶은 꿈과 전공을 찾도록 도와
주었고, 딸들은 자기 삶을 즐겁고 행복하게 누리며 살고 있습니
다. 부모가 자식에게 해주어야 할 것 중 최고가 바로 자기가 좋아
하고 하고 싶은 일과 전공과 직업을 찾아주는 것이라고 생각합니
다. 꿈과 직업을 찾기 위해서 참고할 책으로 임영복 저자의 『꿈 스
케치』와 『사하라 사막에서 꽃을 피운 이야기』를 추천합니다.

✲ 지금 하고 있는 일이 나의 적성과 소질에 맞는지 알아봅니다

나의 적성과 소질이 무엇인지 파악하는 것은 매우 중요합니다.
그리고 지금 하고 있는 일이 나와 맞는지 SWOT 분석도 해봅시
다. 지금 나를 둘러싼 기회 요인과 위협 요인, 나의 장점과 단점을
분석해서 내 삶 전체에 대한 SWOT 분석을 통해 내 삶의 전략도
도출해낼 수 있을 것입니다.

분류	나의 적성과 소질	나의 일과 어울리는가?
다중지능론	나의 지능 이해	
에니어그램	나의 성격 이해	나의 관심분야
MBTI 성격유형검사	나의 성향 파악	
적성검사	나의 적성 이해	

나의 강점(strength)	나의 약점(weakness)
①	①
②	②
③	③

외부 환경의 기회(opportunity) 요인	외부 환경의 위험(threat) 요인
①	①
②	②
③	③

✸ 일과 소질과 적성은 모두 삶 안에 있습니다

우리는 분명 일 중심 사회에 살고 있습니다. 그러나 최근 전 세계적인 추세는 일의 양과 속도를 줄여 '일 삶 균형WLB: Work-Life Balance'을 추구함으로써 행복의 길을 찾는 방향입니다.

따라서 우리는 일과 가정의 균형을 유지할 줄 알아야 합니다.

일과 가정의 두 영역에 적절히 시간을 배분해 사용하는 법을 익혀야 합니다.

부의 나침반을 가진 우리는 일과 자기 계발에 깊은 관심이 있으며, 시간을 적절히 배분해 사용하고 있습니다. 일이 많아도 자기 계발에 대한 의지를 꺾지 않고 지속해나가고 있을 것입니다. 일과 여가 생활의 균형을 적절히 유지해, 쉽게 지치거나 무력감을 느끼지 않습니다. 일이 많아도 여가의 중요성은 잊지 않을 것입니다.

또한 우리는 조직을 위해서는 서로의 차이를 인정하며 조화를 이루려고 노력해야 합니다. 그래서 직장 동료(상사, 부하 포함)와의 관계에 스트레스를 받지 않고, 가능한 한 사람들과 조화롭게 소통하려고 노력합니다.

우리는 업무를 향상시키는 새로운 아이디어를 찾아내는 데 시간을 들이거나 노력하는 것을 아까워하지 않습니다. 지금 하는 일의 수준을 향상시키기 위한 새로운 방법을 찾으려 매번 노력합니다.

뜻대로 일이 풀리지 않더라도 인내심을 가지고 해결책을 찾습니다. 그 과정 또한 기꺼이 즐겁습니다. 우리는 모두 집중해서 일을 할 때면 행복감을 느낍니다.

한평생 내가 하고 싶고 좋아하는 일을 하고 산다는 것은 정말 생각만 해도 행복한 것입니다. 그러니 내가 하고 싶고 좋아하는 일을 하십시오. 평생 행복한 삶을 살 수 있습니다.

✳ 건강한 체력을 관리하기 위해서는 무엇을 어떻게 할까요?

건강을 위해 정기적으로 건강검진을 받고 있습니까? 그렇다면 현재의 건강 상태를 알고 있을 것입니다. 건강을 위해 어떤 부분을 보완하고 치료하며 어떤 노력을 해야 하는지도 알 수 있을 것입니다.

인바디InBody 검사를 받아본 적이 있으신가요?

그렇다면 근육량, 지방량, 골밀도 등 기초적인 체력을 파악할 수 있을 것입니다. 어떤 운동을 통해 체력을 개선해야 할지도 스스로 알 수 있을 것입니다. 또한 어떤 음식을 먹어야 건강에 도움이 될 것인가를 생각해봐야 될 것입니다.

나는 운동을 잘하게 하는 체력 요소인 순발력(짧은 시간에 순간적으로 발휘되는 힘), 반응 시간(우리 몸이 필요한 동작을 할 때 걸리는 시간), 평형성(자세를 안정되게 유지하는 능력), 협응성(두 가지 이상의 신체 움직임을 동시에 연결하는 신체의 조화 능력), 민첩성(몸을 자신이 원하는 방향으로 빠르고 정확하게 움직이는 능력), 스피드(짧은 시간에 먼 거리를 움직이는 능력), 유연성, 근력 등을 알고 있으며, 어떤 요소가 강하고 어떤 요소가 약한지 알고 키우려고 노력해야 할 것입니다. 지속적으로 체력에 영향을 미치는 생활 습관을 알고 수정하고 좋은 방향으로 고치려고 노력해야 할 것입니다.

✦ 일상에서 건강을 위해 적용해야 할 관리 요령

- 체력 저하의 원인인 스트레스 과다 및 기타 요인을 파악하고, 이런 체력 저하를 예방하기 위해서 규칙적인 신체 활동, 올바른 식생활 습관, 스트레스 해소, 각종 스포츠 활동, 심신의 안정을 위한 음악 감상이나 취미 활동, 충분한 수면을 실천하고 있는지 파악합니다.

- 가공식품, 기름진 음식, 패스트푸드 등을 피하고 외식을 너무 자주 하지 않습니다.

- 회식 자리에서 섭취하는 칼로리에 주의하며, 음주에 신경 씁니다.

- 가벼운 운동과 걷기만 꾸준히 6개월 이상 하면 피로를 덜 느끼고, 변비 등의 증상도 사라지며, 각종 질병에 걸리는 일이 줄어듭니다. 잠을 잘 자게 되고, 행동에 자신감이 생기고, 일에 대한 의욕도 높아집니다.

- 음주, 흡연, 운동 부족이 쌓이면 만성 피로가 옵니다. 피로를 예방하기 위해서 규칙적인 운동을 일주일에 3회 이상, 1시간 이상 합니다.

- 기본 근육을 늘려 기초대사율을 높이면 권장 체중을 유지할 수 있고, 면역 기능이 향상됩니다.

- 다양한 영양소가 충분히 들어 있는 음식을 먹습니다. 다당류

와 섬유소가 풍부한 곡류, 콩류, 과일, 채소 등이 포함된 음식을 선택하고, 포화지방, 콜레스테롤 함량이 낮은 식품을 선택합니다. 설탕 섭취에 주의하고 소금이 적절히 포함된 음식을 즐기면서 섭취합니다.

✺ 나의 건강 관리 계획표를 만들어봅니다

건강검진 받기
건강검진 결과를 통해 내 몸 상태를 알고 더 건강하게 관리하기 위한 개선 활동을 시작합니다.

좋은 음식 섭취하기
어떤 음식이 내 몸에 좋은지 알아서 식단을 작성하고 섭취합니다.

운동하기
나의 건강을 위해 어떤 운동을 해야 좋은지 계획을 세우고 하루에 한 시간 이상 꼭 투자합니다. 최소한 일주일에 3일은 운동합니다.

✸ 심력을 높이기 위해서는 무엇을 어떻게 해야 할까요?

내 삶의 마음과 의식은 화평하거나 원만한가요?

심력이 부족하다면 무엇이 문제인가요?

삶을 깊이 있게 들여다보고 풍요롭고 행복한 삶을 위해 나의 마음 상태, 즉 심력에 대해서 알아보는 것입니다.

부의 나침반을 든 길라잡이인 '나'를 지켜보며 심력을 어떻게 키울지 스스로에게 묻고 답해서 계획을 세워봅니다.

심력을 높이기 위해 어떤 공부와 수련을 하고 있나요?

마음의 심력을 높이기 위해 종교 생활은 하고 있나요?

심력의 의식과 질을 향상시키기 위해 어떤 책을 읽고 있나요?

명상이나 기도 생활은 하고 있나요?

인문학, 철학, 심리학에 관련된 강의나 책은 듣고 있나요?

마음의 용기, 도전, 평상심, 기쁨, 사랑, 희망, 감사의 삶을 살기 위해 어떤 배움과 수련을 하고 있나요?

적절한 여행이나 쉼을 통해 마음의 에너지는 재충전하고 있나요?

이러한 것들을 통해 심력이 좋아지게 만들 구체적인 계획을 세우고 실행해봅니다.

- 나는 자아실현과 자아만족을 위해 어떤 종교나 수련을 통해 평상심과 감사를 가지고 사랑하며 살 수 있는지를 정하고 따릅니다.

- 나는 마음이란 보려고 해도 보이지 않고, 잡으려고 해도 잡히지 않고, 알려고 해도 알 수 없는 것임을 잘 압니다.

- 나는 마음이 소리도 냄새도 없지만 소리와 냄새를 만들어내고, 내 것이면서도 내 것이 아닌 말과 행동을 품는 것을 느낍니다.

- 나는 마음이 파도보다 더 거세고, 호수보다 더 잔잔하며, 얼음보다 더 차갑고, 용암보다 더 뜨겁다는 것을 잘 압니다.

- 나는 누가 준 것이 아니라, 내 안에서 일어난 기쁨과 괴로움, 외로움과 슬픔, 불평과 불만, 미움과 증오, 배신과 같은 악독한 마음에 나를 다칠 수도 있음을 잘 압니다.

- 그러나 또한 나는 삶에 마음보다 소중한 것이 없기에 그 소중한 것을 가지려면 먼저 마음을 주어야 하고, 먼저 낮추어야 하고, 먼저 정성스레 섬기며, 먼저 도와주고 다가가야만 한다는 것도 잘 압니다.

- 나는 마음을 얻는 것이 재물을 얻는 것보다, 지식을 얻는 것보다, 명예를 얻는 것보다 결코 쉬운 일이 아니라는 사실을

압니다. 아무리 재물이 많아도 한 사람의 마음을 얻지 못하면 행복하지 않을 수 있다는 것을 압니다.

- 나는 마음을 수련하는 것이 우울, 긴장, 분노, 스트레스 등의 감소와 행복감, 자신감, 긍정적인 태도 향상 등 정신건강에 도움이 된다는 사실을 믿습니다.

- 마음을 다스리면 누군가를 미워하거나 원망하는 마음이 줄어들고, 분노도 줄어들며, 짜증을 덜 내고, 반대로 행복감을 더 느낍니다.

- 나는 '멋지게 생기고 똑똑하고 돈이 많지 않으면 행복해지기 어렵다'는 말보다는 '행복이란 스스로가 찾는 것'이라는 말을 좋아합니다.

- 나는 바쁘게 돌아가는 생활 속에서 나를 돌아보고 생각해볼 시간을 가지는 것을 부담스러워하지 않습니다.

- 나는 명상을 통해 스트레스가 줄어들었으며, 쓸데없는 부정적 생각으로 복잡하던 마음이 편해지고, 긴장과 불안이 줄어들었습니다.

- 고장이 난 전구를 새것으로 갈아 끼우면 어두웠던 방 안이 다시 밝아집니다. 나의 의식도 바뀌면 삶이 밝아집니다. 나의 삶은 전적으로 나에게 달려 있습니다.

- 지식이 있다고 해서 진정한 행복이 찾아오는 것은 아닙니다. 내가 누구인지, 그리고 진정으로 나에게 필요한 것이 무엇인

지를 모르는 상태에서 아무리 많은 지식이 있어도 만족은 없습니다. 행복을 느낄 '나' 자신을 찾는 것이 먼저입니다.

• 일상생활의 여러 가지 일을 할 때도 명상은 가능합니다. 식사를 하면서, 길을 걸으면서, 집을 청소하면서, 지하철을 타면서, 화장실에 있으면서도 내 마음을 찾을 수 있고, 지금 이 순간 주의를 집중하며 살 수 있습니다.

• 나는 내 감정을 두려워하지 않고, 불확실할지라도 삶의 방향을 정할 수 있다고 느끼며 그에 전념할 것입니다.

• 나는 내가 뭔가 부족하다고 느끼지 않을 것이며, 소외당하는 느낌도 가지지 않을 것입니다. 나는 나 자신을 비난하고 깎아내리지 않을 것이며, 다만 사랑하고 보듬을 것입니다. 나는 나 자신에 대해 긍정적인 태도를 가질 것이며, 나 자신을 좀 더 존중할 것입니다. ·

나의 마음은 내가 알아주고 공감해 주고 이해하며 내 안에서 해결해야 합니다. 나로 인해 남에게 요구하거나 화를 내서 남에게 피해를 주면 안 됩니다. 그래서 내 마음의 날씨, 상태를 알 수 있는 마음 일기를 써 봅니다.

───── 유쾌한 마음일기 ─────
(일시: 년 월 일)

♥ 하루 생활 가운데 기분 좋은 일이 생겼을 때, 이를 주목한 후 비교적 상세하게 경험한 내용을 써봅니다.

1 어떤 일이 생겼나요?

2 왜 기분 좋은 일이라고 생각하는지 내 마음을 기록해 봅니다.

3 내가 '이런 마음의 상태를 좋아하는구나!'라고 알아차려보고 '이런 내가 참 좋다' 행복한 마음을 마음껏 누려봅니다.

♥ 기분 좋은 일은 한 가지일 수도 있고, 여러 가지일 수도 있습니다. 특히 생각나는 것을 기록합니다. 꼭 글로 쓰지 않더라도 잠자리에 들기 전에 마음속으로 써봅니다.
모든 것은 내 마음의 해석에 따라 달라집니다.

불쾌한 마음일기

(일시: 년 월 일)

♥ 하루 생활 가운데 기분 나쁜 일이 생겼을 때, 이를 주목한 후 비교적 상세하게 경험한 내용을 써봅니다.

1 어떤 일이 생겼나요?

2 왜 기분 나쁜 일이라고 생각하는지 생각과 감정을 기록해 봅니다.

3 기분이 나쁜 마음의 근원은 나의 어떤 생각 때문인지를 알아차려보고 적습니다.

4 내 감정과 상관없이 일어난 일의 본질 사실은 무엇인가요?

5 내가 진짜로 원하고 행복한 쪽으로 생각을 정리하고, 기분 나쁜 마음을 긍정적으로 바꾸거나 내려놓습니다.

6 나는 희노애락애오욕 모든 감정들을 행복하게 경험할 수 있는 사람입니다. '이런 내가 참 좋습니다.'

♥ 기분 나쁜 일은 한 가지일 수도 있고, 여러 가지일 수도 있습니다. 특히 생각나는 것을 기록합니다. 꼭 글로 쓰지 않더라도 잠자리에 들기 전에 마음속으로 써봅니다.
모든 것은 내 마음의 해석에 따라 달라집니다.

용서일기

(일시: 년 월 일)

♥ 하루 생활 가운데 타인으로부터 기분 나쁜 일을 당했을 때, 이를 주목한 후 비교적 상세하게 경험한 내용을 써봅니다.

1 어떤 일이 생겼나요?

2 나쁜 일을 경험하는 동안 상대방에게 어떤 점이 서운한지 자세히 기록해봅니다.

3 지금 내가 진짜로 원하는 것이 무엇인가요?

4 상대가 아니라 내 안의 마음을 풀어내고 나 스스로 용서하는 마음을 기록해봅니다.

♥ 기분 나쁜 일은 한 가지일 수도 있고, 여러 가지일 수도 있습니다. 특히 생각나는 것을 기록합니다. 꼭 글로 쓰지 않더라도 잠자리에 들기 전에 마음속으로 써봅니다.
모든 것은 내 마음의 해석에 따라 달라집니다.

✷ 지력을 키워 지식 전문가가 되기 위해서는 무엇을 어떻게 해야 할까요?

나의 지력에 대해서 알아보는 것입니다. 부의 나침반을 든 '나'를 지켜보며 본인의 삶에 견주어봅시다. 나의 지력은 만족하나요? 나의 지력을 키우기 위해서 어떤 공부를 더 하고 싶은가요? 삶을 깊이 있게 들여다보고 풍요롭고 행복한 삶을 위해 나의 지력을 어떻게 키워야 할지 계획을 세워봅니다.

✷ 저능아도 천재로 변화시킨 것이 독서의 힘입니다

우리나라의 유명 대학들에는 교양 필독서가 있습니다. 지성인이라면 반드시 읽어야 한다고 권하고 있습니다. 독서의 위대함은 에디슨, 처칠, 아인슈타인으로 설명될 수 있습니다. 이 사람들은 모두 초등 교육 과정에 실패해서 학교로부터 '저능아'라는 낙인을 받았습니다. 그러나 어머니로부터 초일류 리더로 키우는 철학 고전 독서 교육을 받고 천재로 성장했습니다.

위대한 독서의 힘을 보여주는 대표적인 프로그램은 시카고 대학의 'The Great Book Program'입니다. 미국의 대부호 존 데이비슨 록펠러가 설립한 시카고 대학은 1892년 설립부터 1929년까지 40여 년간 소문난 삼류 대학이었습니다. 그런데 1929년 '철학 고전을 비롯한 세계의 위대한 고전 100권을 달달 외울 정도로 읽지 않은 학생은 졸업을 시키지 않는다'라는 고전 철학 독서 교육인 시카고 플랜을 도입했고, 그때부터 2010년까지 졸업생들이 받은 노벨상만 81개에 이릅니다.

다음은 대표적으로 독서 프로그램을 실시하는 곳의 선정 도서 목록을 볼 수 있는 URL입니다. QR코드를 통해 읽어야 할 좋은 책을 추천해봅니다.

서울대 학생을 위한
권장 도서 100선

Great Books
Program

세인트존스 칼리지
Great Books Reading List
and Curriculum

〈뉴욕타임스〉가 선정한
20세기 최고의 책 100선

✼ 나만의 권장 도서 목록을 만듭니다

나만의 권장 도서 목록을 분야별로 만들어봅니다. 그리고 각 분야에 몇 권의 책을 얼마 동안 읽을 것인지 계획을 세웁니다.

분야	읽은 책	읽을 책	독서 기간	비고
자기 직업, 기술, 지식, 전공 독서				
건강, 음식, 운동, 과학/의학				
의식, 마음, 정신, 심리학, 인문학 철학(한국, 동양, 서양)				
기부, 봉사, 공공선, 인류공영				
자기계발, 인문/사회				
경제/경영 분야				
인간관계, 사회생활				
문화/예술, 취미, 여행				

더 나아가 그 분야의 논문이나 학회지, 월간지 등도 보면 도움이 될 것입니다.

각 분야의 책 목록을 정하고 그 분야의 독서노트를 꾸준하게 작성하다 보면 지식도 축적될 것입니다. 책을 만나는 것은 그 저자의 지식을 만나는 것이며 간접적인 선생님을 만나는 것이기도 합니다. 좋은 책은 '반복 독서-필사-사색-황홀한 기쁨-깨달음'으로 압축되는 인문 고전 독서법을 통해 진정한 부자의 눈과 마음, 지혜를 얻고 세상에 대한 사랑과 열정까지도 가지게 됩니다.

✸ 행복한 부자로 가는 평생학습인이 됩니다

내가 알고 행하면 나도 부자가 되지만 자녀까지 습관이 되어 유산이 됩니다. 책 속에서 선생님을 만나고 배우십시오. 읽은 책 중에 가장 소중하고 좋았던 책을 정리해서 가족 모두가 읽는 것도 좋은 방법입니다. 책을 읽고 난 후 독서노트에 본·깨·적(본 것과 깨달은 내용 적기)으로 독서요점 정리를 하면 더욱 좋습니다.

독서란 나의 삶의 성장을 위한 코치, 컨설턴트, 멘토, 구루를 만나러 가는 여정입니다.

순서	도서명 및 출판사
1	
2	
3	
4	
5	
6	
7	
8	
9	
10	

행복한 부자는 늘 책을 가까이하는 평생 학습인과 같은 말입니다. 늘 탐구하고 공부하는 생활을 하기 위해 다음의 내용을 점검해보십시오.

- 나는 지력을 높이기 위해 어떤 책을 읽고 어떤 공부를 더해서 내가 하고 있는 분야의 전문가가 될 수 있는가를 끊임없이 탐구합니다.

- 나는 독서를 통해 덕성을 높이고, 사리분별력을 기르며, 사물을 효과적으로 이용하고, 내게 맡겨진 일을 효과적으로 완수하며, 그 속에서 행복을 느낍니다.

- 나는 인간과 세계를 주체적으로 이해하고, 이를 통해 올바른 판단을 하는 능력인 교양이 지식과 기술, 사고, 판단 등을 포함하며, 지식뿐만 아니라 지혜와 윤리적 판단도 포함함을 잘 알고 있습니다.

- 나는 교양을 쌓기 위해서는 자신만의 세계에 갇히지 않고자 하는 노력이 중요함을 잘 알고 있습니다. 그리고 이를 이루기 위해서 새로운 사람이나 환경과의 접촉은 물론 다방면에 걸친 독서 과정을 귀하게 생각합니다.

- 관심 분야의 지식을 깊게 하려는 것은 물론, 직업에 따라 나의 직무를 충실하고 효과적으로 수행하기 위해 책을 읽습니다.

- 전문 지식 외에도 일상생활과 사회생활에 필요한 실용 지식 습득을 위한 독서를 생활화합니다.

- 나는 시공을 초월한 인류 문화의 보편적 가치를 담은 고전을 읽으면서 인간 경험의 다양한 폭과 깊이를 느낍니다. 고전을 통해 동서양의 문화를 넘나들면서 선인들의 다양한 경험과

지혜를 간접적으로 얻는 것을 즐겁게 생각합니다.

• "나의 최상의 즐거움은 매주 토요일 오후 학자들과 함께 고전을 읽는 일이다"라고 세계 3대 재벌인 로스차일드는 말했습니다. 부자는 먼저 즐거움이 깃든 지식을 가지는 법입니다.

• 나는 고전 중에서 어떤 책들이 있다는 것을 알고 있으며, 읽었거나, 읽을 예정입니다.

• 독서모임, 학회, 세미나 등을 통해 평생 학습인이 됩니다.

✸ 재력을 키우기 위해서는 무엇을 어떻게 해야 할까요?

재력을 키우기 위해서 맨 처음 해야 할 일은 나의 경제력에 대해서 정확히 알아보는 것입니다. 부의 나침반을 든 길라잡이인 '나'를 지켜보며 경제력에 대한 구체적인 계획을 세워봅니다.

• 현재의 자산을 점검합니다.　　　　(합계 금액 :　　　　원)

부동산		동산		기타(차, 예술 작품, 귀금속)
집	땅	저금	보험	

• 현재 수입은 이렇습니다.

   – 매월 고정 수입 금액 :

   – 매월 변동 수입 금액 :

• 현재 지출과 저금, 보험, 기타 내역은 이렇습니다.

지출		저금		보험		기타	
목록	금액	목록	금액	목록	금액	목록	금액
총계		총계		총계		총계	

◎ 현재 자산 총정리 예시

월수입 600만 원					
지출(45%)		목적 저금(50%)		보험(5%)	
생활비	170만 원	여행 저금	20만 원	건강	5만 원
용돈(남편)	50만 원	자녀 교육비	20만 원	운전자	5만 원
용돈(아내)	50만 원	노후 연금	20만 원	실비보험	8만 원
		전원주택 마련	200만 원	암보험	2만 원
		유학 준비	40만 원		
		대학 등록금	10만 원		
합계	270만 원	총계	310만 원	총계	20만 원

현재 나의 수입과 지출, 저축금액을 정리해보면 나의 향후 자산의 미래가 보입니다. 쓸 돈 다 쓰고 남은 돈을 저축하려고 하지 말고, 계획 있게 저축하고 남은 돈을 써야 합니다. 이것이 부자로 가는 지름길입니다.

✾ 예산 분배와 자금 계획

현재의 수입 분배 계획을 수립하기 위해서는 꼼꼼한 통장 관리가 필요합니다. 예를 들면 수입 통장 하나로 만들기, 분배 통장 만들기(종잣돈, 교육비, 주택 마련, 노후 관리, 문화 여행, 자기계발) 등입니다. 헛된 꿈을 꾸지 말고 구체적인 현실적 수입을 정리하고 현실적으로 자금 계획을 세워야 합니다. 통장별로 금융 상품을 관리하는 것도 좋은 방법입니다.

- 자금 활용 계획표 작성: 전체 현황 보기(수입, 지출, 저축별 비율)
- 총자산 현황 파악: 동산(현금 자산) + 부동산
- 1년 뒤, 3, 5, 10, 15, 20년 뒤의 내 실질적 자산 규모

이런 식으로 기대가 아닌 사실적 토대 위에서 자금 계획을 세우고, 도착한 현재에 만족하고 자족하며 형편에 맞게 분배해서 계획적이고 실속있게 삽니다.

✺ 부자가 되기 위한 마인드

- 나는 현재 나의 수입이 어느 정도인지 알고 있으며, 현재 나의 자산이 얼마인지 잘 알고 있습니다.
- 나는 앞으로 나의 경제력을 키우고 수익을 늘리기 위해 어떤 일을 해야 하는지, 종잣돈을 마련하고 재산을 늘리기 위해 어떤 자금 관리 및 투자를 해야 하는지 공부할 생각이 간절합니다.
- 나는 경제력을 갖추려고 결심했으며, 주변에 솔직하게 말하고 협조를 구하겠습니다. 돈이 없으면 없다고 솔직하게 이야

기하고 검소하게 생활하겠습니다. 나는 절약한다고 주변에 알리겠습니다. 나는 돈에 대해 '깨어 있음'을 선포하겠습니다.

- 나는 재테크에 도움이 되는 생활 습관을 유지하겠습니다. 먼저 저축하고 남는 돈으로 생활할 것이며, 돈과 시간을 빼앗아 가는 행위를 자제할 것입니다. 생활의 여유와 효율성을 위해 일찍 자고 일찍 일어날 것이며, 핸드폰 대신 책을 가까이할 것입니다. 사고 싶은 것은 조금 늦게 고민해서 사고, 가계부를 쓰는 것도 부끄러워하지 않겠습니다.

- 나는 돈 모으는 데도 순서가 있다는 것을 알고 있습니다. 눈에 보이는 확실한 것을 먼저 정리하고, 챙기겠습니다. 돈이란 '저축-투자-소비'의 순서로 이루어지는 것이 맞다고 생각합니다. 재테크에는 순서가 있으며, 부동산이나 주식에 투자하는 것보다 앞서서 해야 할 일은 빚을 갚는 일임을 압니다.

- 나는 재테크에 존재하는 위험 요소를 충분히 알고 있으며, 재무 목표별 재테크 포인트가 무엇인지도 알고 있습니다. 예금과 용돈을 어떻게 관리해야 하는지 알고 있으며, 내가 희망하는 목적성 자금(결혼, 자녀 유학, 주택 구입 등) 마련 방법을 정하고 충분한 계획 아래 차근차근 진행하고 있습니다.

- 나는 자산 축적의 원인이 무엇인지 파악하고 있으며, 자산을 모으지 못하는 이유가 어디에 있는지도 알고 있습니다. 나는 필요한 비용의 마련을 위해서 단기 및 장기 계획을 세우고, 계

획에 따라 수입을 늘리고 지출을 실속 있게 조절할 것입니다.

- 나는 노후 생활 자금 마련이 필요하다고 인식하고 있으며, 노후 생활 자금 확보에 유리한 금융 상품도 파악하고 있습니다. 또 이를 위해서 재정 파악 및 계획 수립을 하고 있습니다.

- 나는 상해 및 질병 치료비의 위험 부담을 줄이는 것은 물론 노후 준비와 일상생활에 타격을 받지 않도록 상해재해보험, 실비연금보험 등을 충분히 준비하고 있습니다.

- 나는 내가 하고 싶은 일과 그 일을 하는 데 필요한 돈의 규모를 알고 있습니다.

- 나는 미래 노후생활을 준비하기 위해서 매달 얼마가 필요하며 얼마를 벌어야 하는가를 알고 있습니다.

- 나는 미래(10년 후)에 얼마가 있으면 좋을지 생각해본 적이 있으며, 실제로 그 돈을 마련하기 위해서 내가 무엇을 준비하고 실행하면 될지 생각해보았습니다.

- 나는 수입을 늘리는 방법에 대해서 고민하고 있습니다.

- 나는 어떤 공부를 통해 어떤 전문가가 되어 수입 가치를 늘릴 것인지 고민하고 있습니다.

- 나는 다양한 부자를 만나 성공사례를 배우고, 더 좋고 유익한 재테크 정보와 지식을 지속적으로 배울지 고민하고 실천하겠습니다.

사통팔달四通八達의
세계로 갑니다

동, 서, 남, 북 네 방위를 통틀어 이르는 말이 사방四方입니다.

여기에 네 군데의 모퉁이인 북동·남동·북서·남서의

네 방위方位를 뜻하는 사유四維를 합하면

모두 여덟 곳의 길이 생깁니다.

사방과 사유를 합해 팔방이라 일컬으니,

사통팔달은 세상 모든 곳으로 통한다는 것을 의미합니다.

그리고 중요한 점은 중심입니다.

하늘과 땅의 중심에 있는 것이

바로 사람人在天地之中, 즉 나입니다.

따라서 사통팔달의 개념은

'내'가 자리하고 있는 위치를 중심으로 해서

성립되는 세계임을 잊지 말아야 할 것입니다.

✸ 사통팔달로 '다 보'이는 세계로 갑니다

대한민국 경상북도 경주시 불국로 385, 불국사에 자리한 국보 20호의 탑 이름은 다보탑입니다. 대한민국 10원 주화에 각인되어 있어 한국인이 가장 자주 보는 탑이기도 합니다.

불국사 대웅전 앞 서쪽의 석가탑 맞은편에 자리 잡고 있습니다. 두 탑을 동서로 나란히 세운 까닭은 '현재의 부처'인 석가여래가 설법하는 것을 '과거의 부처'인 다보불多寶佛이 옆에서 옳다고 증명한다는 『법화경法華經』의 내용에 따른 것입니다.

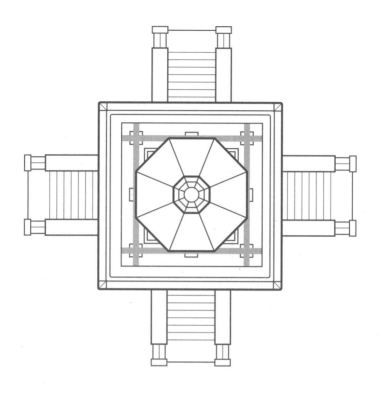

이런 다보탑의 모양은 정확히 사통팔달의 의미를 담고 있습니다.

기단부에는 사방에 보계를 마련했고, 보계에는 난간을 가설했던 석주가 남아 있습니다. 그 위에는 네 모퉁이와 중앙에 사각 석주를 세우고 교차되는 받침을 얹어 갑석甲石을 받고 있습니다.

갑석 위에는 사각형 난간 속에 8각 신부를 두었으며, 다시 8각 갑석을 덮고 8각 난간을 돌린 다음, 그 안에 8개의 죽절형 석주를 돌려 8각 연화석蓮花石을 받치고 있습니다. 상륜부相輪部에는 보주寶珠가 얹혀 있었습니다.

사통과 팔달의 세계를 지나 원만한 극락의 세계로 들어선 것입니다.

✸ 나는 하늘과 땅 사이 삶 속에 존재합니다

부자가 되고 싶습니다. 그러나 기쁨이 없고 행복이 없다면 그저 무지하고 아프고 돈이 많은 고통 받는 인간에 불과합니다.

전후좌우 사통팔달로 골고루 균형 잡힌 삶을 살아가는 것이 진정한 부자의 삶이라고 할 수 있습니다.

옆으로 퍼진 모습이 햇살이 바큇살을 펼친 듯 여덟 방향으로 가지를 폈습니다.

다음으로는 내가 이렇게 살게 해준 하늘과 땅을 인식하는 것입니다. 수직으로 상하입니다.

天하늘에는 영광, 地땅에는 평화를 외칩시다.

감사할 줄 모르면 짐승보다 못하며, 사랑하고 생명을 아끼고 살릴 줄 몰라도 사람 구실을 한다고 말할 수 없습니다.

하늘에 영광
감사의 삶

4통 8달 균형
기쁨이 넘치는 행복한 부자의 삶

땅에는 평화
사랑과 생명살림

✸ 사통팔달하는 원만한 삶이 되어야 합니다

다음 페이지의 사통팔달 이미지에서 자신의 위치에 해당하는 점수에 점을 찍습니다. 그리고 해당 점수에 따라 찍은 점대로 선을 그어보면 내 삶에 연결된 선과 원이 그려집니다.

여러분의 삶은 풍성하고 원만한가요? 원만하지 않고 불규칙적인가요? 풍요롭고 행복하고 균형 있는 삶으로 원만하게 가꾸기 위해서는 어떤 분야, 어떤 방향을 보완하고 키워야 할지 알아차릴 수 있을 것입니다.

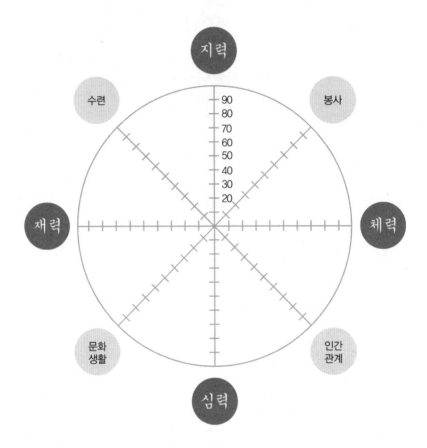

4통8달이 원만한 경우

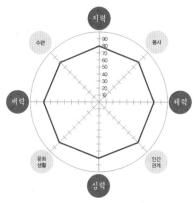

다 좋아도 한쪽 부분이 부족한 경우

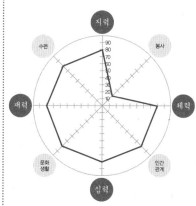

4통은 좋은데 나머지가 부족한 경우

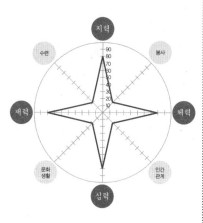

모두가 부족해 원만함이 작은 경우

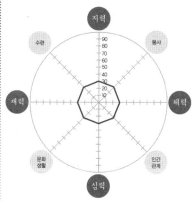

재력이 부족한 경우

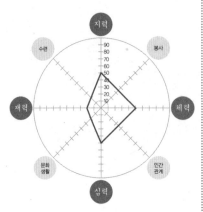

체력이 부족한 경우

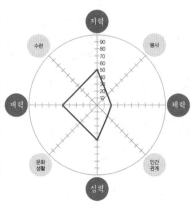

심력과 재력이 부족한 경우

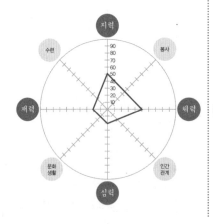

지력과 체력이 부족한 경우

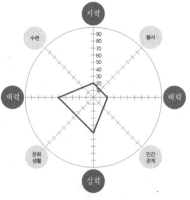

지력만 높은 경우

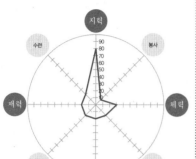

인간관계와 봉사가 부족한 경우

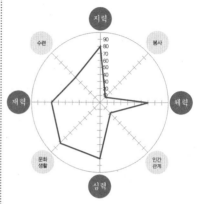

수련과 문화생활, 재력이 부족한 경우

수련, 지력, 심력, 봉사, 문화생활이 부족한 경우

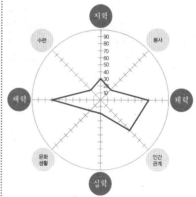

사통팔달로 원만한 나를 만들어갑니다

타고난 소질과 재능으로 하고 싶은 일을 한다는 것은 가장 중
요한 삶의 뿌리이고 몸통입니다. 먹는 것과 운동하는 것은 건강한
체력이 됩니다. 수련과 마음의 의식 세계를 넓히고 향상하는 사람
은 고난 앞에 담대한 심력의 소유자가 됩니다. 가진 자금을 안정
적으로 운용하고 투자하며 관리하는 능력이 바로 경제력이 됩니

📍 **삶 4통 8달**

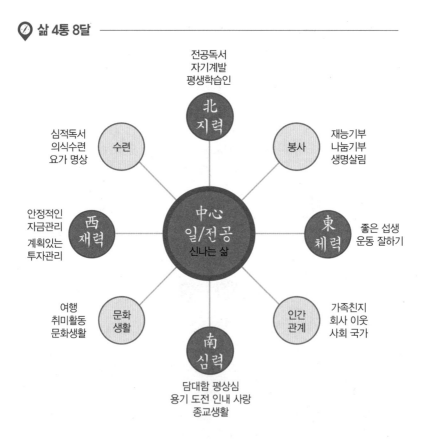

다. 깊이 있는 독서와 자기계발을 꾸준히 행하는 사람의 지력은 강력한 힘이 됩니다.

체력과 심력, 지력과 재력은 내가 삶을 꾸려나가는 전공, 일을 중심으로 함께 성장하게 됩니다. 집중된 네 개의 기둥이 모이면 사각뿔 모양이 됩니다. 어느 방향 하나도 뒤처지는 것이 없어야 원만하고 아름다운 뿔 모양이 완성됩니다.

여기에 더해서 체력이 되고 지력이 있다면 자신의 재능을 기부하고 나눔을 하는 봉사에 관심을 가질 수밖에 없습니다. 체력과 지력 사이의 빈틈에 봉사라는 바큇살을 채워줍니다.

지력이 있고 경제력을 갖추었다면 독서와 의식의 향상을 꾀하는 명상, 요가 등을 통해서 수련의 바큇살을 만들어나갈 것입니다.

경제력이 있고 심력이 있다면 넉넉한 자금과 마음을 바탕으로 가깝게는 친구, 친지, 이웃, 회사, 국가까지 모든 사람들과 단체와 관계를 맺는 것을 기꺼이 즐길 것입니다. 또한 이 과정을 통해서 인간관계의 바큇살이 커져나갈 것입니다.

심력과 체력이 있다면 건강한 몸에 깃드는 건강하고 즐거운 마음을 마음껏 누리는 여행과 취미 활동, 문화생활을 즐깁니다. 그리고 이는 문화생활이라는 바큇살이 되어 커져나갈 것입니다.

사통의 사각뿔은 팔달의 기운을 만나서 원뿔이 됩니다. 원만하고 높이 솟아 부의 기운이 하늘로 향하는 당신의 삶 다보탑이 완성됩니다.

사통을 이어 팔달의 세계로 갑니다

1) 체력과 심력의 만남 - 인간관계

체력과 심력이 만나면 가족과 친지, 회사와 사회, 이웃과 국가를 상대하는 관계의 장場이 열립니다. 인간은 원만한 인간관계를 해나가야 합니다. 관계는 관계한 만큼 관계됩니다.

오고가는 것이 정情이라는 말이 있습니다. 주는 만큼 받고 뿌린 만큼 거두는 것이 자연의 이치입니다. 정기적으로 선물을 보내거나 안부 전화나 메일로 소식을 주고받거나 SNS로 소통하십시오.

가족과 친척의 관계를 위해 가족행사에 꼭 참석해서 자주 안부를 전하며 친하게 지냅니다. 친구, 회사, 기타 인간관계를 원만하게 하는 사람은 삶이 풍성합니다.

사회생활에서 내가 배우고 내 삶에 도움이 될 만한 사람은 우선순위로 특별하게 관계하고 지속적으로 관리하도록 합니다.

인적 네트워크가 좋은 사람은 성공할 가능성이 다른 사람에 비해 아주 높습니다. 여러분이 인간관계를 어떻게 생각하고 또 어떻게 할 것인지를 한번 정리해봅시다.

사람은 처음 만난 사람을 3~4초 만에 가까이할 것인지, 그러지 않을 것인지 판단한다고 합니다. 첫인상입니다. 잘 웃고 표정이 밝은 사람이 인간관계도 잘 이끌어가는 것은 당연합니다. 첫인상이 좋은 사람들의 공통점은 '차분하다, 상대방의 눈을 보고 천천히 이야기한다, 유머가 풍부하다, 예의가 바르다, 남의 이야기를 관심 있게 듣는다'와 같이 간단한 것들입니다. 그러나 간단하다고 해서 쉽다는 의미는 결코 아닙니다.

무엇보다 인간관계의 기본은 예의입니다. 언제, 누구를 만나든지 예의 있는 사람이 되어야 합니다. 상대를 좋아하고 존경한다는 점을 드러내는 것이 바로 예의를 다하고 있다는 것이기 때문입니다. 상대방이 존중받았다고 느껴야만 나와의 인간관계가 시작됩니다. 따라서 처음 만난 사람이나 새로 알게 된 사람에게 호감을 주고 싶다면 예의를 다해 상대방을 대하도록 합니다.

그리고 도움을 받았다면 반드시 보답하는 마음을 가지는 것이 좋습니다.

바람직한 사람과 사람의 '관계'는 서로 도움이 되는 관계입니다. 이때 도움이란 자신은 한푼 손해를 보지 않는 관계가 아닙니다. 누구누구와 친하다는 개념이 아니라 서로를 성장시키고 서로의 능력을 높이는 관계를 의미합니다. 좋은 사람들이 주변에 많은 사람들은 반드시 기꺼이 도움을 주는 사람들입니다. 남에게 베풀면 그만큼 돌아오게 돼 있습니다.

이 책은 부자가 되는 법을 알려드리고 있습니다만, 결국 돈보다 중요한 것은 사람입니다. 사람을 좇을 것인가, 돈을 좇을 것인가? 인생을 살다 보면 종종 돈과 사람 사이에서 갈등을 겪을 것입니다. 어떤 선택이 현명한 걸까요? 거상 임상옥의 "돈을 남기지 말고 사람을 남겨라"라는 교훈을 떠올려보십시오. 이문이 제일 많이 남는 장사는 사람의 마음을 사는 것이라고 했습니다. 재테크는 고작 2~5배 정도가 최대치라면 사람은 수백 배 이상의 큰 결실을 돌려줄 수 있습니다.

그렇다고 해서 무작정 사람에게 돈을 쓰고 급하게 내 편으로 만드는 식은 곤란합니다. 내가 줄 수 있는 수준의 돈, 시간, 정성, 관심 등 교감을 형성하는 과정이 필요합니다. 인간관계는 하루아침에 만들어질 수 있는 것이 아닙니다. 지그시 참고 견디며 꾸준한 투자를 할 때 얻어지는 것입니다.

영화나 드라마에서 보면 아주 똑똑한 사람이 의외로 인간관계가 젬병인 경우가 나옵니다. 윤활유가 있는 관계가 인간관계입니다. 타인에게 어필하기 위해선 성실함과 인간미를 지녀야 합니다. 좋은 인간관계를 위해서는 때로는 자신의 속내를 드러내고 가까워질 필요도 있습니다.

마지막으로 충고를 드리자면 친구와 동료를 만드는 것보다 중요한 인간관계의 핵심은 적을 만들지 않는 것입니다. 적까지도 친구로 만들 수 있다면 그 사람은 최고의 수준에 다다른 인간관계 전문가일 것입니다.

여러분의 경쟁자 또한 경쟁자일 뿐이지, 적은 아닙니다. 마음속으로 경쟁자를 칭찬하십시오. 경쟁자와의 다툼보다는 도전적인 목표에 집중하면 더 좋은 결실을 거둘 것입니다.

2) 지력과 재력의 만남 - 자기계발과 수련

지속적인 배움을 통해 자기계발에 힘쓰고 자기를 성장시키는 사람은 반드시 꿈을 이룰 수 있습니다. 지금 어떤 자기계발을 해야 하는가? 어떤 배움이 필요한가? 어떤 수련이 필요한가? 하나씩 적어보며 경험하고 성장해봅니다.

직장인 대부분에게 자기계발을 왜 하느냐고 물어보면 크게 두 가지 답을 기대할 수 있습니다. 하나는 몸값을 높이는 것, 다른 하나는 불안하다는 것입니다.

자기계발의 핵심 포인트는 즐거움과 장점입니다. 여러분이 가진 장점을 계발하는 것이 단점을 극복하는 것보다 낫습니다. 그리고 무턱대고 영어 공부를 하거나 자격증을 수집하러 다니는 강박관념을 버리십시오. 시간 낭비입니다. 즐겁지 않은 것, 장점을 키울 수 없는 것은 먼저 하지 마십시오. 자기계발은 장점을 늘려가는 것과 단점을 보완하는 것 중에서 선택하는 경우가 많은데, 대다수 사람들은 단점을 보완하는 것에 역점을 둡니다. 그러나 단점의 특징은 내가 싫어하는 것들입니다. 내 인생은 한 번뿐입니다. 싫은 것은 먼저 하지 마십시오. 자신을 미치도록 즐겁게 하는 것을 찾아내고 그 장점에 투자하는 편이 몇 배의 수확을 거둘 수 있습니다.

정상은 지금 당장 보이는 것이 아닙니다. 에디슨은 최종적으로 대단한 부자가 되었지만, 1,000번 이상의 실패를 거듭하면서 전구를 개발했습니다. 번갯불에 콩을 구워 먹을 수는 있지만, 그보다는 번개를 만날 확률도 낮고, 죽을 확률이 더 높습니다. 모든 일에는 단계와 시간이 필요합니다.

❖ 자기계발에 성공한 사람들의 7가지 특징 ❖

1. 약점을 보완하기보다는 강점을 살리는 데 치중한다.
2. 장기적인 만족을 위해 단기적인 만족감을 지연시킨다.
3. 외부적인 보상을 바라기보다는 일 자체를 놀이처럼 즐긴다.
4. 실패를 두려워하지 않으며 과감한 실천력을 강구한다.
5. 자기 자신의 삶을 계획하고 경영하며 작품한다.
6. 오늘은 처음처럼, 내일은 오늘처럼 여기며 산다.
7. 꿈을 이룬 자처럼 행동하고 생각한다.

최종 목표를 정하고 그곳에 도달하기까지의 과정은 실패가 아니라 거듭된 성공임을 명심해야 합니다. 우선 자신의 최종 목표를 설정하고 거듭된 실패는 성공의 길이라는 확신을 가지십시오.

3) 지력과 체력의 만남 - 기부와 봉사 활동

자연에서 태어나 자연으로 돌아가듯이 우리 인간은 공수래공수

거입니다.

인간은 사회적 동물이어서 사람들과 어울려 살았으니 이 사회에 나누고 기부하며 봉사하는 나눔은 아름다운 결실이기도 할 것입니다. 나누는 삶은 참으로 아름답습니다.

여러분은 어떤 기부나 나눔을 할 것이며 내 이웃들에게 어떤 봉사를 할 것인지 생각해봅니다. 나누고 베풀 때 삶은 더욱 풍요롭고 행복해질 것입니다.

당연한 것인지 모르겠습니다만, 기부와 자원봉사 모두에서 사회경제적 지위가 높을수록 참여율이 높은 것으로 나타났습니다. 우리 사회에서는 친인척에게 도움을 제공하는 경우는 흔히 발견되지만, 불특정 타인에 대한 자선적 기부는 그리 친숙한 문화가 아니었습니다. 그럼에도 불구하고 이타주의는 사회 통합의 핵심적 요소라고 할 수 있습니다. 그리고 대표적인 이타적 행위인 기부와 자원봉사는 공동체의 결속을 강화하고 사회를 바른 방향으로 이끄는 원동력이자 사회 안전장치의 역할을 수행합니다.

통계청의 최근 조사에 따르면, 삶에 대한 주관적 만족도가 높을수록 자원봉사 참여율도 높게 나타났습니다. 이타적 행위는 건강한 사회의 지표임과 동시에 건강한 삶의 지표이기도 한 것으로 보입니다.

심리학자 윌리엄 플리슨은 행복이란 '정해진 기준'이 있는 것이 아니라 오히려 '각자의 선택에 달린 것'이라며 이렇게 말합니다.

"우리는 우리 자신의 생활을 더 개선시킬 수 있는 힘을 가지고 있습니다."

기부와 봉사는 우리의 삶을 더 행복하게 만드는 도구입니다. 사회적 약자들을 위해 기부하거나 봉사 활동을 하면 긍정적인 에너지를 얻기 때문에 행복한 삶을 살 수 있는 기초가 됩니다. 나눔을 행하는 사람이 받는 사람보다 행복하다는 것이 통계학적으로 보고된 사례입니다. 전문가들은 이렇게 단기간에 행복 지수를 높일 수 있는 인간 활동은 기부나 봉사와 같은 활동뿐이라고 합니다.

미국의 한 의과대학 연구팀에서 알코올 중독자들의 평소 치료 확률이 22%에 불과했지만 자원봉사 활동을 병행했을 경우 치료 확률이 40%까지 올라갔다고 발표했습니다. 남을 위해 베푼 삶을 살거나 혹은 그런 대상을 자주 보기만 해도 그렇지 않은 사람보다 면역력이 높아져 질병을 예방하고 오래 살 수 있다는 것이 실험 결과로 증명되고 있습니다.

직접 봉사 활동을 통해 선행을 베푸는 것은 물론, 다른 사람이 봉사를 하며 선행을 베푸는 것을 보기만 하더라도 신체 면역 기능이 향상된다는 놀라운 결과를 발견한 것입니다. 이 효과를 '마더 테레사 효과' 혹은 '슈바이처 효과'라고 부릅니다.

사실 기부와 봉사의 본질은 돈을 베풀거나 없는 사람, 못사는 사람을 돕는다는 개념이 아니라 폭동, 질병, 죽음, 전쟁과 같은 극단적인 비극을 사전에 막고 모두가 어우러져 함께 화목하게 잘살기 위한 지구촌을 만들기 위해서 행하는 배려입니다.

성경에도 '오른손이 하는 일을 왼손이 모르게 하라'라고 했고 불가에서도 '보시나 적선은 남을 위한 것이 아니라 나 자신을 위한 것이다'고 했습니다.

드러내지 말고 스스로 자세를 낮추고 진심으로 우러나는 인간적이고도 감동적인 봉사를 해보십시오. 자신의 기술을 이용해 재능기부를 하며 뿌듯함을 느끼십시오. 사회에 도움이 되는 봉사 활동으로 시간을 함께 나누면서 긍정의 힘과 따뜻한 에너지를 얻을 수 있을 것입니다.

사회에는 수많은 봉사 단체가 있습니다. 그중에서 관심 있는 분야의 봉사 단체에 가입해 활동해보십시오. 새로운 사람들을 많이 만날 수 있을 것입니다. 꾸준히 봉사 활동을 통해 사회에 도움도 되고 인맥도 넓혀보십시오.

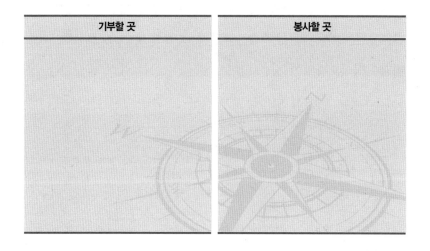

기부할 곳	봉사할 곳

4) 재력과 심력의 만남 – 여행과 취미, 문화생활

지구별 여행을 와서 우리가 사는 아름다운 산천을 구경하고, 삶을 예술로 가꾸는 사람들의 예술 공연이나 예술 작품을 보는 것은 참 소중한 삶의 가치이며 의미입니다.

어떤 문화생활을 누리고 어떤 여행지를 가고 싶은지를 버킷 리스트를 만들어 경험한다면 더욱 행복할 것입니다.

즐거운 것이 무엇인지 모르는 사람들은 몸과 마음을 망치는 위험한 놀이를 합니다. 대개 스트레스 해소를 위해 술을 마시거나 수다를 떨면서 시간을 허비하고, 불건전하고 자극적인 것에 빠지기도 합니다. 그러나 스트레스는 해소되지 않고 잠시 가라앉을 뿐입니다.

꼭 거창한 것이 아니더라도 취미 계발은 스트레스 해소를 위해 필요합니다. 남의 눈치를 보지 말고 자신이 좋아하는 것이라면 무엇이든 해보십시오. 글쓰기, 요리, 등산, 와인, 제빵, 공예, 바리스타, 사진, 악기, 레저, 미술, 자전거, 스포츠댄스, 오토캠핑, 스쿠버다이빙 등 다양한 것을 찾아서 마음이 가는 대로 즐깁니다. 용돈을 모으고 아껴서 취미를 찾아봅시다. 생활 강좌, 아카데미, 동호회 등을 찾아서 유용하고 인기 있는 프로그램을 들어봅시다.

취미 생활을 통해 우리는 억눌렸던 감정들을 긍정적으로 바꾸고, 일이 삶의 전부가 아닌 일부라는 사실을 확인할 수 있습니다. 일을 핑계로 시간이 없다고 생각하지 말고, 지친 일상의 활력소가 되어줄 취미 생활을 위한 시간을 적극적으로 내십시오.

이번에는 여행입니다. 여행이라는 단어는 고대 프랑스 단어인 'travail'에서 기원한 것으로 볼 수 있는데, '일하다'라는 의미를 갖고 있다고 합니다. 여행travel은 트러블을 떠올리게 합니다. 실제 트래블의 어원 중에는 라틴어 '트리팔루스'가 있는데, '고문, 고생, 고난'이라는 뜻이 있다고 합니다. '집 떠나면 고생'이라는 말이 진짜인 셈입니다. 그런데 돈 들여서 고생하러 떠납니다. 삶이기 때문입니다. 위험하고, 즐겁고, 재미있고, 신기하기 때문입니다. 여행도 결국 삶의 한 부분인 셈입니다. 이처럼 우리가 여행을 하는 목적은 쾌락, 휴식, 발견과 탐험, 다른 문화에 대한 지식 습득, 사람들과의 관계 형성입니다.

관광觀光은 '빛을 본다'고 새겨지는데, 일반적으로 빛은 희망과 동경의 상징입니다. 빛나는 세상을 보기 위해서 밖으로 나가는 삶이 바로 관광입니다. 어둡고 답답하고 지루한 일상에서 탈출하여 보다 새롭고 흥미롭고 참신한 나를 찾는 과정입니다.

많은 사람들이 여행과 관광을 통해 새로운 것을 배우고 세계를 다른 시각으로 보는 기회를 가집니다. 세계를 더욱 가까운 수준으로 연결하고, 삶의 목적을 찾는 경우도 있습니다.

생각해보면 석가모니 역시도 여행자였습니다. 부처님은 호화로운 집을 남겨두고 즐거움을 찾아 길을 떠났습니다. 여행을 떠났습니다. 많은 것들을 찾아본 후 보리수나무 밑에 앉아서, 여행을 통해서 가졌던 배운 지식과 경험을 상기하고 명상했습니다. 부처님에게 여행은 삶의 목적을 찾게 해주었고 평화를 가져다주었으며 해탈의 근본적인 시간을 주었습니다.

그래서 많은 현자들은 여행의 소중함을 명언으로 남겼습니다. 성 아우구스티누스는 "여행하지 않은 사람은 세상이라는 책을 한 페이지만 읽은 셈이다"라는 말을 남겼고, 로마 시대 네로 황제의 스승이었던 세네카도 "여행과 장소의 변화는 우리 마음에 활력을 선사한다"라는 말을 남겼습니다. 역사학자 토마스 풀러는 "바보는 방황하고 현명한 사람은 여행한다"라고 했고, 파울로 코엘료는 "여행은 언제나 돈의 문제가 아니라 용기의 문제다"라고 했습니다. 아이슬란드 속담에는 "여러 곳을 여행한 자만이 지혜롭다"라는 것도 있습니다.

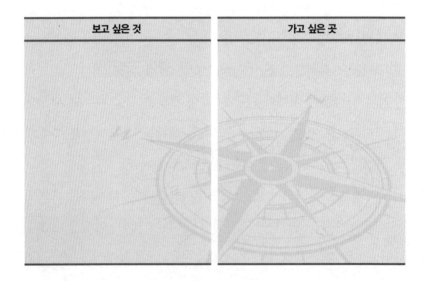

보고 싶은 것	가고 싶은 곳

뭐니 뭐니 해도 여행의 가장 큰 보상은 성취감일 것입니다. 여행에서는 항상 예측하기 힘든 상황이 연속해서 일어납니다. 처음 겪는 공간과 상황에서 문제에 직면하면, 문제가 크건 작건 스스로 해결해야만 합니다. 누가 알아주지 않아도 스스로 극복해내는 과정과 경험이 커다란 성취감으로 다가오는 것입니다.

그래서 어쩌면 살아가는 순간순간의 모든 직접 경험이 여행인지도 모르겠습니다.

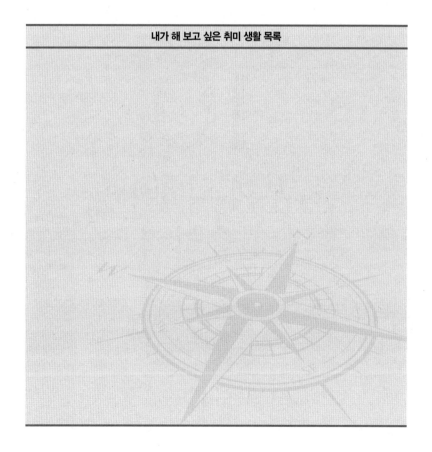

내가 해 보고 싶은 취미 생활 목록

CHAPTER

10

부의 나침반
연습하기

서 말의 구슬도 꿰지 않으면 그저 구슬입니다.

꿰는 순간 구슬은 보배가 됩니다.

부의 나침반을 가지고 있어도 부자가 되지는 못합니다.

나침반을 들고 동서남북 전후좌우 사통팔달을

용솟음치는 삶을 살아야만 비로소 부를 거머쥐게 됩니다.

해보는 세계로 가면 따뜻합니다.

실천하는 세계로 가면 행복합니다.

그리고 부자가 됩니다.

✸ 사통팔달의 세계로 가는 자기 삶의 사명 선언문을 만들어봅니다!

아집, 고집에서 깨어나십시오!

내가 생각에서 깨어나지 못하면

생각들이 나를 마음대로 하지만,

내가 생각에서 깨어나면 생각 선택을 나의 마음대로 합니다.

익숙한 것으로부터 탈출합니다.

아는 것으로부터 탈출합니다.

생각으로부터 탈출합니다.

이것이 해탈, 아리랑, 바라밀다, 유월, 패스오버, 통섭입니다.

행복한 부자가 되고 싶습니까?

여기에 당신만의 사명 선언문을 만들어보십시오.

사명 선언문이란 근본이 바뀌지 않는 인생철학과 신조입니다. 내 삶의 정의이며, 동시에 비전의 선언입니다. 어떻게 살아가야 할 것인지를 말해주는 윤리이자 원칙이며, 본인이 추구하는 가장 가치 있는 것이 무엇인지를 정의내리는 작업입니다. 인생 목표를 확립하고 행동하는 가장 좋은 방법이며 개인의 헌법이자 삶의 씨앗이고, 설계도와 조감도라고 할 수 있습니다.

사명 선언문은 최악의 상황, 위기의 상황에 가치를 드러냅니다. 주위의 여건과 사람들의 감정에 좌우되기 쉬운 상황에서 인생의 중대한 결정을 내릴 때 기준이 되기 때문입니다.

사명 선언문 작성을 위한 기본 원칙은 자신의 존재, 행동의 가치, 원칙에 초점을 맞추는 것입니다. 스티븐 코비의 『성공하는 사람들의 7가지 습관』에서 말하는 기본 원칙은 이렇습니다.

- 어떤 사람이 되기를 원하는지(성품) 기술하기
- 무엇을 하기를 원하는지(공헌, 업적)를 기술하기
- 내 삶에서 맡고 있는 구체적인 역할로 세분화하기
- 각 역할에서 성취하고 싶은 목표로 구분하기

사명 선언문에서는 '인생의 궁극적인 목적', '존재의 의미'를 정립하는 것이 중요합니다. 가장 중요한 '삶의 가치 기준', '자기 비전', '장기적인 목표'를 적습니다.

—————— 사명 선언문 ——————

나의 사명은_____, _____이다.
본 사명을 수행하기 위해:
나는 _____한다: (구체적 방법 작성)
나는 _____한다: (구체적 방법 작성)
나는 _____한다: (구체적 방법 작성)

—————— 예) 큰바위 사명 선언문 ——————

나 큰바위는

하나님이 주신 은혜와 사랑 가운데 하루하루를 감사하게 산다. 늘 지금 여기를 깨어 있고, 오늘 지금 이 순간을 늘 처음처럼 산다. 늘 배우는 삶을 통해 지성과 감성과 영성을 통합해 나의 삶을 풍요롭게 산다.

나는 좋은 먹을거리와 소식小食의 섭생, 튼튼한 체력을 키우는 운동(헬스, 걷기, 등산), 마음의 의식을 성장시키는 영성 수련을 통해 건강하게 살고, 행복한 가정과 가족 간의 우애를 유지하며, 일터에서는 경영 전문가로 성공하는 사업가이며 성취하는 사람이 되고, 인간 의식 변화 전문가와 성공 동기 부여가로 사람들에게 꿈과 희망을 주며, 가난에서 탈출하여 경제적 안정과 부자로 행복한 삶을 실현한다.

나는 겸손한 마음으로 정직하게 살며, 이웃에게 사랑하고 봉사하며, 내가 배우고 익힌 것을 주위 사람과 나누고 베풀며 인류 의식 진화에 기여하는 사람이 되고, 자유롭게 나의 삶을 예술로 가꾸며 산다.

사명 선언문

예) 가족 사명 선언문

가족은 인생의 동반자이며 분신이다!
가족은 세상에서 가장 강력한 나의 응원단이다!

우리 가족은 서로 사랑한다!
우리 가족은 서로 신뢰한다!
우리 가족은 서로 돕는다!
우리 가족은 서로를 격려하고 칭찬하고 축복한다!

우리 가족은 늘 감사하며 규칙적인 식사를 한다!
우리 가족은 날마다 모든 면에서 점점 더 좋아지고 있다.
우리 가족은 어제보다 나은 오늘을 위해 더 알찬 삶을 향해 전진한다!
우리 가족은 눈을 뜨면 늘 몸은 활기와 생기로 가득 차 있다!

우리 가족은 지력과 심력과 체력을 토대로 경제력을 키워 무지와 가난과 허약에서 탈출하여 삶을 예술로 꽃피우며 좋은 가문을 만들고 계승 발전시킨다!

가족사명 선언문

✳ 유언장을 작성해보면 세상을 다시 살게 됩니다

만약 내가 1년밖에 못 산다면 어떤 일을 하고 싶은지 유언장을 작성해보세요! 수련이나 강의를 나가서 많은 사람들의 유언장을 받아보았습니다. 공통점이 있더군요. 그동안 하지 못했던 것들을 아쉬워하고, 죽기 전에 "보고, 듣고, 맛보고, 경험하며, 느끼고 싶다!"라고 말합니다. 바로 '욕망 접촉'입니다.

많은 사람들이 하고 싶은 것과 하고 싶은 일을 모르고 살아갑니다. 돈을 벌어서 좋은 물건과 큰 집을 소유하면 된다고 생각합니다. 정작 자신이 무엇을 경험하고 싶다는 욕망 접촉을 놓쳐버립니다.

───── 유언장 ─────

만약 3개월이나 6개월, 1년 뒤에 죽는다면
나는 무엇을 하고 싶은가?
어떤 음식을 먹고 싶은가?
누구를 만나고 싶은가?
어디를 가고 싶은가?
죽기 전에 꼭 하고 싶은 일은?

나의 유언장

✸ 진정으로 원하는 것이 무엇입니까?

① 되고 싶은 사람　　　② 하고 싶은 일과 직업

③ 가지고 싶은 것 3가지　④ 만나고 싶은 사람

⑤ 가고 싶은 곳 5곳　　　⑥ 먹고 싶은 것 3가지

유언장을 쓰고 난 후 나는 이렇게 질문합니다.

"여러분은 이것을 꼭 죽기 전에 해야 하나요?

올해, 이번 달, 이번 주에 하면 안 되나요?

아니, 지금 당장 오늘 하시면 안 되나요?"

나는 매년 유언장을 쓰고 그것들을 그해 다 이루고 경험하며 삽니다.

그래서 언제든지 죽어도 여한이 없습니다.

하고 싶은 일, 하고 싶은 것, 경험하러 온 것이 지구별 여행입니다. 돈만 벌다가 죽으러 온 지구별 여행이 아니라는 것이죠!

하고 싶은 것이 있다면 이번 달, 이번 주, 오늘 당장 하십시오!

✸ 삶의 보물지도를 만들어봅시다!

부자가 되는 보물섬을 향한 항해의 결정권자는 바로 나입니다.

내가 하는 것입니다. 동서남북과 중앙의 위치를 파악하고 결정하고 앞으로 나아가는 것은 내가 지금의 순간순간을 결정하는 것입니다.

보물섬으로 가기 위해서는 먼저 보물지도가 필요합니다. 부의 나침반을 들고 체력, 심력, 지력, 경제력, 일과 직업을 통해 현 위치를 파악하고, 미래의 나를 위한 꿈과 계획을 만들고 그것들을 이루기 위한 삶의 보물지도 만들기를 해봅니다. 그리고 그 보물지도를 들고 보물섬을 찾아가 봅시다.

나의 적성과 소질에 따라 전문 분야에서 어떤 공부와 학습이 필요하며, 어떤 전문가가 되고 어떻게 성장하고 싶은지에 대한 나의 보물지도, 꿈의 지도를 그려봅시다.

❖ 하고 싶은 것 욕망 접촉하기 ❖

0) 어떤 사람이 되고 싶은가?(성공 모델 정하기)

1) 어떤 일을 배우고 싶은가?(소질, 재능, 적성, 일, 직업)

2) 가고 싶은 곳(여행, 관광, 학습)

3) 만나고 싶은 사람(인간관계, 좋은 친구, 배울 수 있는 사람)

4) 가지고 싶은 것(꼭 필요한 것)

5) 운동하고 싶은 것, 먹고 싶은 것(건강을 위해)

6) 하고 싶은 것(봉사, 재능 기부, 문화생활)

⊘ 행복한 부자로 살기 〈보물지도〉(예시)

- 나의 사명선언문과 꿈(일과 전공, 체력, 심력, 지력, 경제력) 내 삶을 작품하는 예술가
- 하고 싶은 일: 가지고 싶고, 가고 싶고, 먹고, 누구를 만나고, 무엇을 하고 싶은지?
- 현재 자산현황 월수입, 1년, 3년, 5년, 10년, 20년 설계 및 운영계획
- 저금(동산), 집(부동산), 여행, 자녀교육, 갖고 싶은 것(차, 보석), 나눔봉사
- 통장을 만들어서 구분 정리하고 구체적인 보물지도 만들기

──── 균형있는 나의 보물지도 ────

| 미래 | | 현재 |

생각(믿음, 소망)

갖고 싶은 것
- 200평 전원주택
- 현금 20억

가고 싶은 곳
- 유럽여행(프라하)
- 인도여행
- 마추피추
- 페루

되고 싶은 자
- 탁월한 전문지식과 인문학적 지혜를 겸비한 사람
- 몸짱(건강한 근육맨)

하고 싶은 일
- 영성 수련 안내

나의 사명 선언문

1. 꾸준한 공부를 통한 전문지식과 인문학적 지혜를 겸비한 삶의 전문가가 된다.
2. 규칙적인 운동과 균형 잡힌 식사를 통해 건강한 사람이 된다.
3. 몸과 마음, 정신과 물질의 조화를 통해 삶을 예술로 가꿔나간다.
4. 필요한 것과 불필요한 것을 인식하여 돈의 흐름을 알아차리고, 계획에 따라 재력을 관리한다.

─ 미션 ─

영성과 물질의 균형 위에 4통 8달의 삶을 자유롭게 누리며 삶을 예술로 가꾸는 사람

사실(현재적 기준)

나의 현 위치
- 내 월수입: 510만원
- 아내 월수입: 200만원

내용	금액	이율
목돈마련저축1	70	9.9
목돈마련저축2	200	28.2
생활비	54	7.6
보험/공과금	78	11.0
자녀교육비	100	14.1
문화활동비	20	2.8
목돈(나)	40	5.6
목돈(아내)	78	11.0
부모님/기부	25	3.5
자녀자립비	10	1.4
노후자금	35	4.9
연금보험(회사)	50	–
합계(단위:만원)	710	100%

실자산내역	목돈	노후
5년 후	16,200	5,100
10년 후	32,400	10,200
20년 후	64,800	20,400

(단위:만원)

4통 8달 보물지도(예시)

**소질과 재능
일과 직업 전공**

인성과 적성 심리검사
다중지능검사
에니어그램
MBTI
TA교류분석
적성감사

지력
(학력, 전문지식)

전문분야 독서
대학교 대학원 석.박사
자격증 취득 전문가

봉사
(나눔 재능기부)

봉사생활
기부단체 및 금액
재능기부

자기계발 수련

인문학 필독서
종교생활
구체적인
수련활동 계획

재력
(자본관리, 저축, 투자)

자산현황
예산계획
저축계획
투자계획

체력
(건강관리 섭생 운동)

건강한 먹거리 관리계획
운동 계획
건강검진, 몸관리
인바디 검사

문화생활
(취미 여행)

하고 싶은 취미
가고 싶은 여행지
문화행사 계획

심력
(담대함 도전 용기
기쁨 감사 평상심 사랑)

일상수련
(명상, 요가, 산책, 산행)

인간관계

가족관계 / 친.인척 관리
학교, 동우회 사회활동
회사동료
코치, 멘토, 구루, 선생님 관계
인사, 편지, 메일,
SNS, 행사참여

📍 4통 8달 균형 있는 삶 살기 구체적인 실행계획표(예시)

- 자기계발 · 수련 -
- 배우고 싶은 분야 공부하기
- 학원 다니기
- 종교생활 하기
- 관련분야 책 읽기
- 유튜브 동영상 보기
- 명상 요가 하기

- 지력 -
- 나의 전문 분야 학습하기
- 석사 박사 공부하기
- 학회나 세미나 참여하기
- 내가 관심 있는 책 읽기
- 도서관에 가서 책 빌려보기
- 관련 분야 강의 동영상 보기
- 자격증 취득하기나 기술 배우기

- 봉사 · 기부하기 -
- 봉사단체 가입하기
- 매월 일정금액 기부하기
- 재능기부 하기
- 불우한 이웃 돌보기
- 칭찬과 격려하기
- 물심양면으로 나누는 생활 실천하기

소질과 재능 일과 직업 전공
- 나의 소질과 재능 적성을 알 수 있는 심리검사하기
- 내가 좋아하고 즐거운 분야 찾기
- 내가 좋아하는 전공 분야 책 읽기
- 전문가 만나기, 상사 멘토 구루 만나기
- 내 업무 분야에서 전문가 되기
- 내 분야의 전문가가 쓴 책 읽기
- 내 분야의 성공한 전문가에게서 배우고 따라 하기
- 자기 분야의 논문이나 전공서적 학술지 보기
- 자기 분야 대학 석사 박사 공부하기
- 자기 분야 학회 세미나 참여하기
- 매 분기 그 분야 성공한 기업 현장 전시회 가 보기
- 그 분야 업무 성장발전 추진계획 수립해보기
- 핵심 성과관리 지표 KPI 목표 설정하기

- 재력 -
- 현재 자산 파악하기
- 자금 예산 운영 계획 수립하기
- 계획 있는 지출하기
- 각 분야별 통장 만들어 저축하기
- 종자돈 마련하고 키워가기
- 합리적이고 안정적인 투자 운영
- 개인 간 금전 거래 하지 않기
- 지속 성장 가능한 배당금 있는 주식 투자하기
- 경제신문 읽기
- 경제 경영 자본투자 분야 전문 지식 익히기
- 전문가들의 자문 구하고 배우기

- 체력 -
- 아침 6시 기상
- 따뜻한 물 한 잔 마시기
- 아침 운동하기
- 일주일에 3일 헬스장 가서 2시간 운동하기
- 건강 식단 실천하기 잡곡밥 단백질 채소 중심
- 꼭꼭 씹어서 먹을 것
- 틈나는 대로 걷기
- 윗몸일으키기 하루에 30번씩 3회
- 팔굽혀펴기 하루에 30번씩 3회
- 한 달에 한 번 산에 가기
- 한 달에 이틀 단식
- 일 년에 한 번 건강검진하기

- 문화생활 -
- 내가 좋아하는 취미생활 선택하기
- 동우회 가입하기
- 가보고 싶은 여행지 정하기
- 가고 싶은 국내 테마여행 찾아보기
- 가고 싶은 해외 관광지 찾아보기
- 한 달에 한 번 먹고 싶은 식당 찾아 가기
- 미술관 구경하기
- 연주회 등 예술 공연 감상하기
- 한 달에 한 번 가족과 외식하기
- 내 작품 만들고 알리기

- 심력 -
- 심리학, 인문학 서적 및 위인전 읽기
- 매일 명상과 산책하기
- 음악 듣기
- 기도 생활하기
- 긍정적으로 생각하고 말하기
- 잘 웃고 웃는 얼굴로 대하기
- 감사 나누기
- 칭찬하기
- 희망을 가지고 도전하기

- 인간관계 -
- 가족들과 함께 식사하기
- 가족 카톡방 만들어 소통하기
- 친척들의 안부 묻고 행사 참여하기
- 친구들과 안부 전화하기
- 회사 동료들과 원만한 인간관계 갖기
- 코치 컨설턴트 선생님께 배우기
- 멘토 구루 모시고 따르고 배우기
- 각종 모임, 행사 참여하기

※ 작성시 정량적으로 구체적인 실천방법과 일자와 시간을 기입하면 좋음

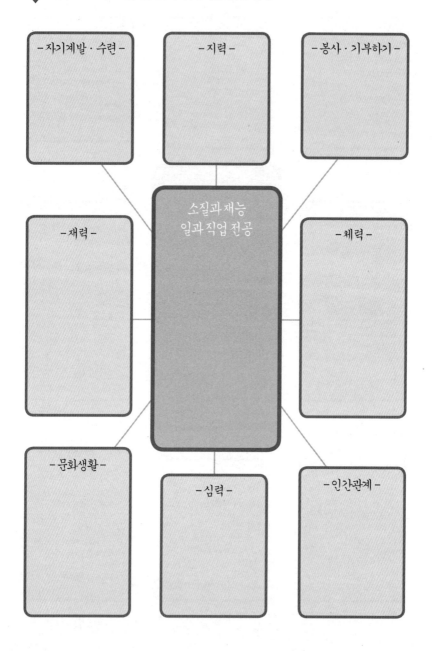

- 자기계발 · 수련 -

- 지력 -

- 봉사 · 기부하기 -

- 재력 -

소질과 재능
일과 직업 전공

- 체력 -

- 문화생활 -

- 심력 -

- 인간관계 -

✦ 삶의 계획과 목표를 짜봅시다!

한 해를 마무리하면서 새해 계획을 짜봅시다. 연말연시 바쁘지만, 가족이 모여 지난 한 해 이루었던 일을 나누고 기뻐하고 감사하며, 다가오는 새해에 하고 싶은 일들을 정리해 기록해봅시다. 1년의 계획을 세우고 나면 기대되고 기쁨이 넘치며, 하고 싶고 할 일이 있다는 것이 얼마나 소중한 것인지를 알 수 있게 됩니다. 그리고 계획대로 이루어가는 성취감이 있습니다.

올해 삶의 목표	
나는 나의 삶을 작품한다! 이런 내가 참 좋다!	
분야	**내용**
건강 관리	
가족관계	
일과 직업 경영 관리	
자기계발, 평생학습, 독서	
문화, 예술, 취미	
여행(국내, 해외)	
교육 및 수련, 종교, 단체 모임 참석	
기부, 봉사 활동	
기타 해야 할 일과 계획 (금년, 3년 뒤, 5년 뒤, 평생)	(중장기 계획)

이번 달에 꼭 해야 할 일	
분야	**해야 할 일**
일과 적성	
체력	
심력	
지력	
경제력	
인간관계	
수련 생활	
봉사 생활	
문화 생활	

✺ 큰바위의 행복한 부자로 가는 나침반 10가지 법칙!

앞서 제가 깨달은 여섯 가지 지혜의 핵심인 육비법을 알려드렸습니다만, 여기에서는 순환되는 부의 나침반 성공 법칙 10가지를 알려드리겠습니다. 나침반은 동서남북을 가리키지만 항상 빙빙 돌면서 정확한 위치를 찾는 작업을 무한 반복합니다. 여러분들도 성공하는 부자로 가기 위해서 이 10가지 법칙을 무한 반복해보시길 바랍니다.

제1법칙 | 착실과 배움

되고 싶은 사업과 성공한 사람의 모델을 찾아 그에게 착 하고 바짝 붙어라! 그리고 배우라. 그러면 실해진다. 이것이 '착실'이다. 선생과 스승을 만나야 내가 선생과 스승이 된다.

제2법칙 | 배려와 협력

상대가 원하는 것을 찾아 돕고 이롭게 좋은 친구가 되라. 나와 다른 뛰어난 인재와 조직과 협력과 협업을 하라. 그리고 그 상대를 성공시켜라. 내가 누구에게라도 꼭 필요한 사람이 돼라.

제3법칙 | 평생 학습

책과 자연을 보라. 과거나 현재의 책을 통해 지식과 지혜를 배우라. 여기에서 책은 그냥 책이 아니라 책을 쓴 사람을 만나 배우는 것이다. 그리고 살아 있는 자연을 보면서 자연의 이치와 지혜를 배우라. 배우는 사람은 이길 수 없다.

제4법칙 | 즐거움과 기쁨

이왕에 할 거면 즐겁게 하라. 지금 오늘 이 순간을 즐겁게 살면 평생이 즐겁다. 웃음은 근심, 걱정, 생각을 끊는 열쇠다. 나의 밝은 기운을 뿜어내라. 나는 빛이고 태양이다.

제5법칙 | 지금 이 순간

현재에 할 수 있는 일부터 현실에 실속을 거두어라. 현재에 충실하고 현재에 가장 행복하라. 지금 이 순간이 행복하면 평생이 행복하다. 현재의 티끌이 모여 미래의 태산이 된다!

제6법칙 | 사랑하라

조건 없이 사랑하라. 일을 하다 보면 내가 손해 보는 것 같고 밑지는 것 같은 생각이 들 때가 있다. 그러나 무슨 일을 하든지, 본래 하나인 절대 세계에서 베푸는 마음으로 큰마음을 가지고 사랑하면 살리는 사랑 그 자체가 하나가 된다. 하늘은 스스로 돕는 자를 도우신다.

제7법칙 | 감사하라

모든 일에 정성을 다하고 감사하며 살다 보면 감사한 삶이 되어 있다.

제8법칙 | 건강

건강해야 한다. 늘 건강 에너지를 운동으로 충전하라. 골밀도와 근육을 강화하고 면역력을 높이고 잘 먹고 잘 살아야 한다. 건강을 잃으면 다 소용없다. 건강한 몸은 건강한 마음에서, 건강한 마음은 건강한 몸에서 온다.

제9법칙 | 인간관계

이웃과 좋은 인간관계를 이루고 살라. 세상에서의 삶은 사람들과 함께 더불어 사는 것이다. 꽃보다 더 아름다운 사람들과 아름답게 관계하라. 콩 심으면 콩 나고, 팥 심으면 팥 난다.

제0법칙 | 깨달음

누구나 가지고 있는 존재와 영혼, 순수 의식, 깨달음을 발견하라. 이것을 알면 돌아가지만, 모르면 죽는다. 내 안에 더 큰 셀프를 찾아라. 그리고 그 존재와 하나 되어 교통하며 살아라. 지금 여기를 사는 사람이 천국 시민이다. 우리는 하나에서 시작해서 하나에 있으며 하나로 돌아가는 영원한 하나이다.

―――――― 삶의 선언 ――――――

나는 내가 책임집니다

나의 생각 선택에 대하여 내가 책임집니다.

나의 몸 건강에 대하여 내가 책임집니다.

나의 꿈에 대하여 내가 책임집니다.

나의 행동에 대하여 내가 책임집니다.

나의 삶에 대하여 내가 책임집니다.

나의 가족에 대하여 내가 책임집니다.

나의 회사에 대하여 내가 책임집니다.

나의 이웃과 지역사회에 대하여 내가 책임집니다.

나의 나라에 대하여 내가 책임집니다.

나의 지구별에 대하여 내가 책임집니다.

─────── 그중에 제일은 사랑입니다 ───────

행복한 삶과 진정한 부자가 되는 길은 사랑하는 것입니다.
사랑하면 알게 되고 알게 되면 보이나니
그때 보이는 것은 전과 같지 않습니다.
나 자신을 사랑하십시오!
내 몸을 사랑해주고
내 친구들을 사랑하고
내 가족을 사랑하고
내 회사를 사랑하십시오!
새로운 지식과 배우는 것을 사랑하십시오!
좋은 생각과 좋은 기술을 사랑하십시오!
좋은 제품을 만들어 서비스하고 쓰임받으면
내 이웃을 사랑하는 길이고
내 나라를 사랑하는 길이고
이 지구별을 사랑하는 길입니다.
사람이 사랑으로 빛을 발할 때 내 삶은 행복하고
삶을 살아갈 의미와 가치가 있고
내 삶에 보람이 있기 때문입니다.
매일 매 순간을 사랑하십시오!

경천애인敬天愛人 하늘을 공경하고 사람을 사랑하자.
홍익인간弘益人間 인간(세상)을 널리 이롭게 한다.

──────────── 사랑의 견성수도見性修道 ────────────

나를 사랑하고 나를 알면 내가 보인다.

공부를 사랑하고 공부를 알면 공부가 보인다.

책을 사랑하고 책을 알면 책이 보인다.

전공과 직업을 사랑하고 알면 전공이 보인다.

제품을 사랑하고 제품을 알면 제품이 보인다.

건강을 사랑하고 건강을 알면 건강이 보인다.

음식을 사랑하고 음식을 알면 음식이 보인다.

사람을 사랑하고 사람을 알면 사람이 보인다.

사회를 사랑하고 사회를 알면 사회가 보인다.

재물을 사랑하고 재물을 알면 재물이 보인다.

세상을 사랑하고 세상을 알면 세상이 보인다.

세계를 사랑하고 세계를 알면 세계가 보인다.

인류를 사랑하고 인류를 알면 인류가 보인다.

신을 사랑하고 신을 알면 신이 보인다.

見性 본다는 것은 내 생각의 한계에서 나와

그때부터 사실적 관계의 시작이다.

고로 삶은 소유가 아니라 관계다.

ⓧ 중앙, 동, 서, 남, 북의 의미

방향 구분	동(EAST)	남(SOUTH)	중앙(CENTER)	서(WEST)	북(NORTH)
계절	봄	여름	중심	가을	겨울
능력	체력	심력	일(전공)	재력	지력
색깔	청색	적색	황색	흰색	검정
장기	간장	심장	위장	폐	신장
오행	木	火	土	金	水
이념	仁	義	信	禮	智
행동양식	좋은 섭생과 운동	용기, 도전	소질, 재능, 전공	부유함, 풍요, 나눔	평생학습 지식 전문가
가치	건강	열정	자발성, 행복	생명살림, 사랑	지성인

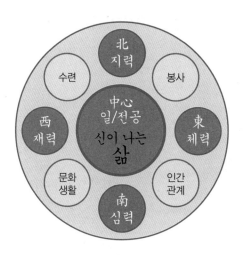

사통팔달 맛있는 삶의 밥상의 주인공이 되십시오.

우주에서 지구별로 여행 온 그대여,

그대는 이미 하늘의 부자로서

이 세상에서 맘껏 누리시고

행복한 부자로

멋진 주인공이 되시기를

진정으로 기원합니다.

고맙습니다.

사랑합니다.

축복합니다.